U0546525

從一國歷史
預視世界
的動向

極簡
加拿大史

【監修】細川道久
Hosokawa Michihisa

楓樹林

前言

已開發國家加拿大多元文化共生的歷程

加拿大是一個自然生態豐富且幅員遼闊的國家。原住民和來自世界各地的移民都生活在此。大家說著不同語言，異國料理和集會活動讓城市熱鬧無比。一九七一年，加拿大領先全球將「多元文化主義」作為國家政策，持續推動多元文化共生。加拿大是經歷哪些事情才成為多元文化社會的呢？他們在統合區域或民族的多元化社會時，遇到了哪些課題呢？

這本書描繪了加拿大作為一個國家，從原住民社會到殖民地時代的發展歷程，不但是透過與其他國家合作提升存在感的歷史，也是一部不斷摸索邁向多元文化共生的歷史。希望大家在了解加拿大的歷史後，能加深對當今加拿大社會的理解。

監修　細川道久

歷史冷知識！

加拿大的4大祕密

這些意想不到的史實，就要介紹給初次接觸加拿大史的你！

Secret 1

西北大部分地區都歸企業所有!?

歐洲殖民者來到北美洲的東海岸，將這裡國有化當作英國和法國的殖民地。另一方面，北美洲中部到西部的大部分土地，都歸一家企業所有。

→詳情參照 86 頁

Secret 2

橫貫大陸鐵路資金不足的問題，是靠叛亂解決的!?

橫貫大陸鐵路的建設工程一直在進行當中，目的是為了讓東海岸至西海岸一體化，卻在快要竣工之前出現資金不足。在這段期間，原住民爆發叛亂，結果導致追加投入資金。

→詳情參照 123 頁

Secret 3

作為一個國家完全獨立後，國內竟然出現獨立運動！？

現在的魁北克省過去大部分都是法國的殖民地，有些人主張要脫離加拿大獨立。以此為目標的政黨，有時候會在省議會裡成為第一大黨。

→詳情參照 182 頁

Secret 4

直到大約40年前，才能夠完全獨立！？

加拿大雖然是第二次世界大戰後成立的聯合國，以及北大西洋公約組織（NATO）等國際組織的成員國，但是直到1980年代之前，都不是一個具備完全主權的國家。

→詳情參照 186 頁

接下來，我們就來探索加拿大史吧！

目錄

chapter 3 英國的殖民地

〈蒙特婁舊城區〉

第二大城市的蒙特婁舊城區。復古的建築物鱗次櫛比，已經成為一個觀光地區。現在被魁北克省指定為歷史地區。

chapter 4 自治領地的成立

chapter 5 成為自治領地的歷程

chapter 6 作為已開發國家的一員

祕密專欄

〈「女權五傑」（The Famous Five）的銅像〉

設置在渥太華國會議事堂（中央大樓）用地內，5名為了擴大女性權利挺身而出的女性之雕像。

序章

多重面向且令人意想不到的國家

吃鬆餅的時候，想必你會淋上楓糖漿再享用吧。日本市面上的楓糖漿，絕大多數都是加拿大生產的。除此之外，諸如雄偉的自然風光與棲息在那裡的動物、極光閃耀的北極圈雪原、小說《清秀佳人》（Anne of Green Gables）的舞台等等，應該都是我們對加拿大的主要印象。

令人意想不到的是，曾經創造出《魔鬼終結者》系列電影、《鐵達尼號》等眾多熱門作品的電影導演詹姆斯・卡麥隆（James Cameron），以及流行音樂人小賈斯汀（Justin Drew Bieber）都是出生於加拿大。以美國為據點展開活動的公眾人物當中，很多都是來自加拿大，只是我們不知道而已。

在地圖上查看這樣的加拿大時，你應該會覺得這個國家「十分廣闊」。這也是理所當然，加拿大僅次於俄羅斯，為全球國土面積第二大的國家。南北約四六〇〇公里，東西約五五〇〇公里，面積高達日本的二十七倍左右。相對於日

加拿大的領土

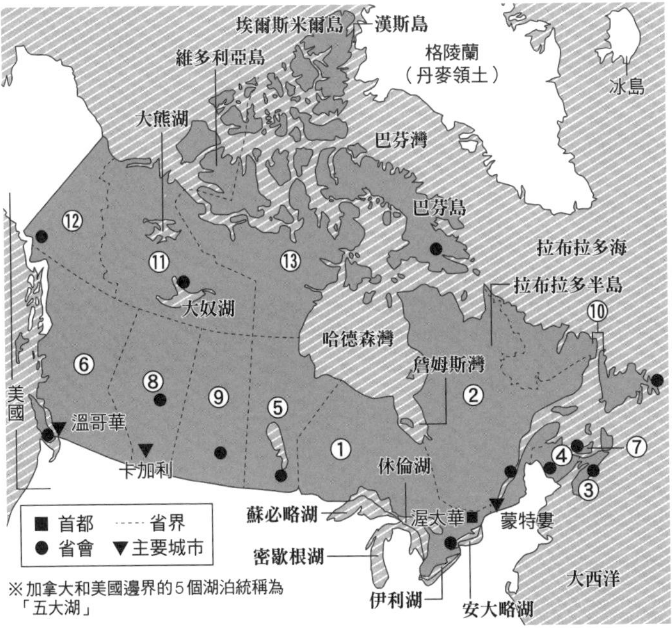

※加拿大和美國邊界的5個湖泊統稱為「五大湖」

省、領地	省會
①安大略省	多倫多
②魁北克省	魁北克市
③新斯科舍省	哈利法斯
④新不倫瑞克省	弗雷德瑞克登
⑤曼尼托巴省	溫尼伯
⑥英屬哥倫比亞省	維多利亞
⑦愛德華王子島省	查洛頓

省、領地	省會
⑧艾伯塔省	愛德蒙頓
⑨薩斯喀徹溫省	雷吉納
⑩紐芬蘭－拉布拉多省	聖約翰
⑪西北領地	黃刀鎮
⑫育空地區	白馬鎮
⑬努納福特地區	伊魁特

總面積　約999萬㎢
總人口　約3700萬人

※引用自日本外務省網站（2023年9月當時）之資訊

本只有一個標準時間子午線（例如兵庫縣秋明石市），加拿大則有六個。另一方面，它的人口密度卻是世界第三低（每平方公里四人），低於國土面積第一大的俄羅斯、第三大的美國（各領地人口皆不滿五萬人）。然而，它每年卻接受來自世界各地的移民超過四十萬人，二〇二二年百分之二點七的人口增加率是七大工業國組織成員（G7）中的第一名。二〇二二年度的國內生產毛額（GDP）排名世界第八（日本第三），在進出口方面也和日本有著密切的關係。

應該不少人聽到加拿大有「國王」時，都會感到驚訝吧？話雖如此，那位國王人並不在加拿大。因為是由大西洋隔開的島國，也就是英國的國王兼任加拿大的國家元首。而且和美國一樣，都是屬於英語圈，近年來成為比美國更受歡迎的留學地點。不過，除了英語之外，法語也是官方語言。這是因為英國和法國一直深度介入「加拿大」這個國家的關係。

擁有多種面孔的加拿大，在建國前歷經了一段漫長的旅程。想這段歷程，就從一萬數千年前人類橫渡白令海峽後抵達北美洲的故事開始說起吧！

chapter 1

原住民的土地

原住民是來自歐亞大陸嗎？

人類的祖先早在七〇〇萬年前誕生於非洲大陸，隨著時間的推移，他們也開始移動到其他的地區。在歐洲及亞洲各地，大約是從一〇〇萬至五〇萬年前就能見到人類定居下來的痕跡，但是推估人類抵達美洲大陸的時間比這更晚一些，大約是在一萬八〇〇〇至一萬四〇〇〇年前。

包括加拿大在內的美洲原住民（Native Americans），從骨骼、髮質及皮膚的特徵來看，都和日本人、中國人、蒙古人、俄羅斯的東西伯利亞原住民一樣，歸類為東亞人種（蒙古人種）。

大約在二萬至一萬年前，相當於冰河時期的最後階段（末次冰期），海平面比現在低很多，位於阿拉斯加西端和俄羅斯東端之間的白令海峽與陸地相連。據說東西伯利亞的人們在這段期間渡海來到北美洲，隨後便成為了美洲大陸的原住民。然而，儘管這個說法相當具有說服力，但是卻找不到確切的證據來印證這個說法。

在位於美國新墨西哥州東部的克洛維斯等城市，已經發現了大約一萬至八〇〇〇年前的石器（矛的尖端）。這是在北美最古老的文明痕跡，被稱為克洛維斯文化。一般認為當時許多的原住民，都是過著狩獵生活，捕捉猛瑪象和野牛（Bison）等大型動物為生。

美洲大陸與其他大陸幾乎沒有交流，一直到十五世紀才形成了獨自的文明。例如與其他地區的不同之處，包括沒有金屬鑄造技術，也不太使用刀劍這類的武器。此外，不但沒有自古以來在亞洲和歐洲用作移動方式的馬棲息在這裡，也沒有製造出帶有輪子的交通工具。因此，距離遙遠的地區很少來往，只有小型部落群體分散在四處，在北美洲並沒有形成強大的國家。

與西伯利亞共同的文化

廣大的北美洲在不同地區的地形及氣候差異很大，加拿大與其鄰近地區大致

加拿大的自然環境

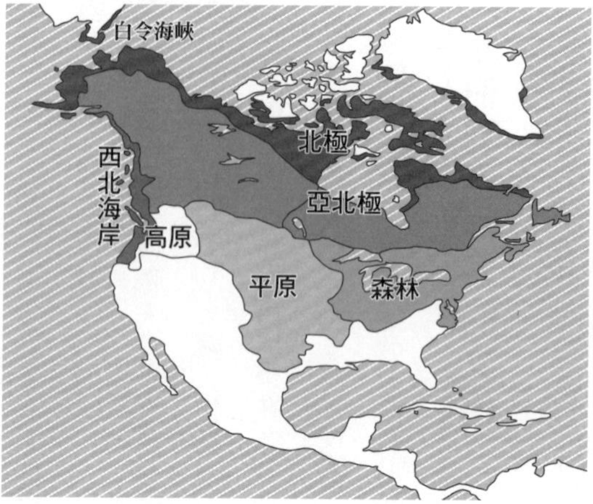

可分為六種類型的自然環境。

首先是一年到頭被冰雪覆蓋，氣溫常年基本上不到十度的「北極圈」、雖然一樣寒冷但夏季氣溫會上升至二十度左右的「亞北極圈」、面向太平洋的「西北海岸」、以洛磯山脈為中心的廣闊山區「高原地帶」、中西部的「平原地帶」，以及包含五大湖周邊東部的「森林地帶」。大約在五〇〇〇年前，在每個地區都形成了不同的生活模式。其中有一部分在十五世紀末歐洲人來了之後，依舊繼續傳承至今。接著就透過各個地區的原住民來看看其特色吧！

首先從北極圈開始。許多北極圈的原住民都是獵人，他們會捕捉馴鹿（角鹿）、海豹等動物，主要以家族為單位的小群體在活動。由於這個地區的大型植物較少，所以他們在住居、衣物、針、刀具這些日用品方面，都會運用動物的皮和骨頭，冬天會居住在用雪像磚塊一樣固定成型後堆建的冰屋裡。這些人被稱為「因努伊特人」，在當地的語言中意指「人類」。直到一九八〇年代他們一直被叫作「愛斯基摩人」，但是這個名稱是源自白人對「吃生肉的人」的偏見，所以現在於正式場合已經習慣使用因努伊特人這個名稱。

因努伊特人的語言及文化，和其他地區的原住民有很大不同。因此，推測他們比其他的原住民更晚，大約在四〇〇〇至三〇〇〇年前

才從東西伯利亞遷居過來。事實上，現在仍有部分住在俄羅斯境內西伯利亞遠東的居民，與因努伊特人過著同樣的狩獵生活，也能確定他們的語言和因努伊特人有著共同的元素。

亞北極圈的人們也是以狩獵為主，他們靠捕捉馴鹿、兔子、河狸等動物維生。雖然存在類似部落的團體，但是他們基本上是以家族為單位的小型群體在活動，並且為了尋求獵物四處移動而生活在帳篷裡。說到加拿大最有名的就是橫跨美國之間的五大湖，但是實際上加拿大是世界上湖泊數量最多的國家，多達三〇〇萬個。其中位於亞北極圈西北領地的大熊湖（約琵琶湖的四十七倍），是加拿大最大的淡水湖，顧名思義，周邊棲息著很多的熊（灰熊）。

在日本也廣為人知的原住民文化

西北海岸的人們，主要皆為捕撈鮭魚、鱒魚等海鮮的漁民。在這個地區的海岸山脈上有高大的杉木叢生，人們居住在木造房屋裡。

每個部落都存在階級制度，在族長及其家族底下，有平民、奴隸這些階級。

該地原住民的獨特習俗之一，就是在村落裡放置圖騰柱，以作為家族的象徵。圖騰被視為與家族祖先連結的存在，熊、海龜、河狸、鳥、魚等各種生物都能成為題材。在日本於一九五〇至一九六〇年代，各地的中小學校園內，曾經流行過利用廢棄的木製電線桿製作圖騰柱。有些學校至今仍保留著圖騰柱。

除此之外，族長為了誇示自己的能力，不但會邀請其他部落舉辦豪華宴會，還有一種贈送昂貴禮物的「散財宴」習

俗，不過後來遷入的歐洲人認為這是在浪費財產，並會造成問題，所以現在已經不流行了。

高原地帶的人們主要使用獵犬和弓箭來獵捕熊、鹿、狐狸、海狸等動物，除此之外也會在洛磯山脈周邊的河川，將從大海逆流而上的鮭魚當作食物來源。與西北海岸一樣，幾個家庭會一起生活在利用豐富森林資源建造而成的木屋裡，並根據不同的季節居住在帳篷，有時也會住在半地下的房子。

平原地帶屬於乾燥氣候。這片土地上的人們一般都是生活在帳篷裡，並且會為了尋求野牛而遷徙。後來與歐洲人接觸之後，他們的居住地遭到掠奪，並且受到歐洲人的影響導致生活模式發生變化，因此現在定居者不斷增加。這點將於第二章以後提及。

用野牛的油脂將乾肉和果實固定成型的肉糜餅，是該地原住民傳統的食物，可長期保存，富含蛋白質、維生素和脂肪。捕獲的野牛不僅可以拿來食用，毛皮、骨頭和油脂還可以當成衣物及日用品的材料。這些人的居住範圍，從現在的加拿大橫跨至美國中西部。帶有羽毛裝飾的頭冠是該地原住民的傳統時尚，大家或許在西部片（以美國西部開發時代為舞台的電影）中看到過它。

東北部和日本一樣，都是溫暖潮濕的氣候。有些部落以狩獵為生，但是農業自一世紀左右發展起來，開始種植起玉米、南瓜和四季豆等作物。獵人過著追逐獵物的遊牧生活，而農民則是定居下來，幾個家庭會同居在木造的狹長型住宅（長屋）裡。建築物的寬度有時甚至達數十公尺。在這個地區，許多原住民會聚集在一起，舉行一場名為Baggataway的大型比賽，而球類的袋棍球就是根據這種比賽發明出來的（詳情參照第一五八頁）。

東北部沿岸群島上的人們，從春季到秋季會捕撈鱈魚、鰈魚、龍蝦等海鮮，冬季會靠獨木舟移動來捕捉馴鹿及河狸等動物，除了當作食材之外，還會在日常生活中運用牠們的毛皮等。這些地區的人們，是現今加拿大這片土地上最早與歐洲人接觸的原住民。

第一批來到的歐洲人

西元一四九二年來自熱內亞共和國（現在位於義大利半島西北部的國家）的克里斯多福・哥倫布（Christopher Columbus）造訪美洲大陸之後，歐洲人才開始正式遷入。

然而，事實上在這更早之前的西元一〇〇〇年左右，維京人就已經到過加拿大了。所謂的維京人，是西元八世紀至十一世紀生活在斯堪地那維亞半島和日德蘭半島上的日耳曼人群體。他們當中的一些人在歐洲各地從事海盜活動，並於九世紀後半期在北大西洋的浮島，也就是冰島上建立了居住地。

關於維京人，有一種說法聲稱維京戰士艾瑞克

當時的日本

相當於平安時代中期的969年，時任左大臣的源高明因圖謀不軌，遭到降職而垮台。這起事件被稱作安和之變，據說藤原氏也參與其中。此後，藤原氏在朝廷的勢力進一步擴大，並於1016年由藤原道長攝政。

維京人的航線（推測）

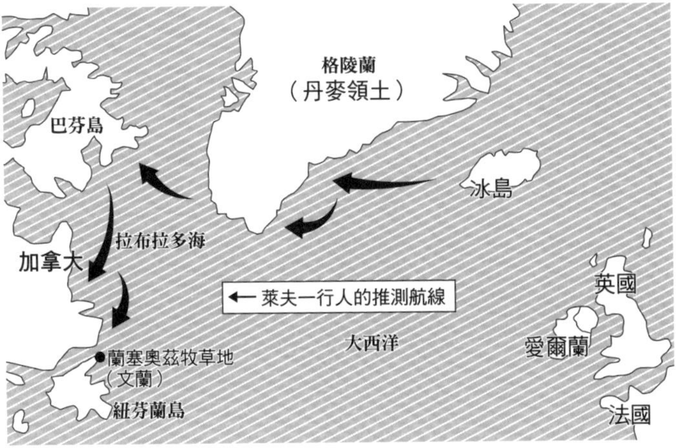

（Erik Thorvaldsson，俗稱「紅鬍子艾瑞克」）於九八二年左右因謀殺罪被人從冰島驅逐出境後，他隨即乘船向西航行，最後抵達了一座無人島。艾瑞克將讓地命名為「格陵蘭」，並邀請了許多殖民者。十幾年後，艾瑞克的兒子萊夫（Leif）進一步往西方探險，並且在相當於現在加拿大東部的紐芬蘭登陸。

大家也許會覺得從北歐到北美洲，是橫渡大西洋的偉大航行，但是推測維京人當時是沿著島嶼遷移的。從冰島到格陵蘭的距離約五〇〇公里。此外從格陵蘭的南端到紐芬蘭島之間的距離大約是一〇〇〇公里，等同於從東京到福岡市的距離。

從文獻中得知，萊夫等人將登陸的地方命名作「文蘭」，由於文蘭的意思是「草原」或「葡萄」，所以也推測這一帶都是這類的植被。

一般認為有超過一〇〇名維京人移居到文蘭，然後建立了村落及農場。然而，由於他們與原住民發生衝突，再加上

難以持續補給物資，因此在幾年後就放棄了遷入地。前文提到與歐洲人最早接觸的原住民，就是生活在東北部沿海的人們。

在紐芬蘭的北部，有一個維京人遷入地的遺跡「蘭塞奧茲牧草地」，已經在一九七八年被聯合國教科文組織（UNESCO）登錄為世界文化遺產。與原住民遺跡明顯不同的一點，就是在這個遺跡上已經確認有鐵鍛造廠。

此外，冰島大學和西班牙高等科學研究理事會於二〇一〇年發表的一項共同研究中，從四個現代冰島家庭的DNA，發現了通常只有在美洲大陸原住民或東亞裔才能見到的特徵，所以有人也指出有些維京人可能與北美洲的原住民來往過，這些人的子孫可能渡海前往了冰島。

耐人尋味的加拿大偉人①

第一批造訪的歐洲人

萊夫・艾瑞克森

Leif Erikson

（970 年代～ 1025 年左右）

偶然來到新大陸

萊夫的父親是維京戰士紅鬍子艾瑞克（紅髮艾瑞克），年輕時曾侍奉挪威國王奧拉夫一世（Olaf Tryggvason）。

他受奧拉夫一世之命將基督教傳播到格陵蘭，於990～1000年左右啟航，偶然抵達了一片未知的土地。該地推測是現今的巴芬島至紐芬蘭島周邊的地方。萊夫參考當地原生樹木，將該地命名為「文蘭」，意思是「草原之地」（有諸多種說法），後來萊夫與同伴一起蓋房屋度過了冬天，最後還回到了格陵蘭島。

此後，萊夫家族的泰爾斯泰因等人試圖遷居文蘭，並且認真地與原住民進行貿易，但是和原住民發生衝突，最終在十多年後放棄了遷入地。

chapter 2

探險與初期開發

被誤認為「印度」的大陸

艾瑞克家族放棄在北美的遷入地後，在歐洲因為十字軍東征的影響下，向中東軍事遠征的同時也到了聖地朝聖，與東方的貿易路線便發展起來。然而，地中海的貿易網絡是由中東的伊斯蘭商人掌控，透過他們購買絲綢、紙張、香料、陶瓷器這類的亞洲產品就會價格昂貴。因此歐洲的王室貴族，便開始想與印度以東的亞洲國家直接進行貿易。

十五世紀後，歐洲的造船技術提升，製造出了能夠遠洋航海的大型帆船。於是，面向大西洋的西班牙王國、葡萄牙王國、英格蘭王國（現在的英國構成國）以及法國等國家，紛紛各自摸索抵達印度的航線。所謂的大航海時代已經來到。來自熱內亞共和國的航海家克里斯多福．哥倫布，在西班牙王室的支持下率領一支船隊，於一四九二年橫渡大西洋後，抵達了加勒比海上漂浮的巴哈馬群島。

從隔年回國後的哥倫布開始，歐洲人一直深信他們到達的地區是「印度」。

後來更正這種看法的人，是來自佛羅倫斯共和國（現今義大利半島中部的國家）的探險家亞美利哥・維斯普奇（Amerigo Vespucci）。十六世紀初，維斯普奇調查了美洲大陸沿岸後發表了他的發現，因此釐清美洲大陸並非印度而是另一個大陸，後來以他的名字固定將這個地區稱作「亞美利加」。

話雖如此，直到十八世紀印度實際上被稱為「東印度」，而美洲大陸則被稱為「西印度」，在此影響下美洲大陸的原住民直到二十世紀中葉才會被稱作「印第安人」（Indian）。此外，為了避免與真正的印度人混淆，如今幾乎不會使用「印第安人」一詞，在加拿大多數會被稱為「第一民族」。

當時的日本

室町幕府的權威因應仁之亂而衰落，戰國時代就此展開。人們開始相互爭鬥，帶頭的伊勢新九郎盛時（北條早雲），於1493年攻擊幕府位於關東地區的駐外機構堀越公方，也就是現今的靜岡縣伊豆之國市。

北美的第一個英國領土

最早前進大西洋發展的西班牙和葡萄牙，主要是在加勒比海和南美洲擴大勢力範圍。英格蘭和法國稍晚一點才前往新大陸，為了避免與上述兩個國家發生衝突，因此他們以探索和開發北美洲為主。

當時在英格蘭，於一四八五年即位的亨利七世（Henry VII）正在鞏固自己的權力（都鐸王朝）。來自熱拿亞的航海家喬凡尼・卡波托（John Cabot），在亨利七世的命令下航向大西洋，並於一四九七年在現在的加拿大東部登陸。卡波托於隔年調查了北美洲的東海岸、格陵蘭、北極圈後，返回英格蘭。在這個階段，卡波托也一直認為登陸地點是亞洲的一部分。自一五〇二年左右開始，卡波托的登陸地點在英格蘭的公文內開始被記載為「紐芬蘭」（Newfoundland）。顧名思義就是意指「新發現的土地」。

由於紐芬蘭的近海盛產鱈魚，所以大量漁船從英格蘭駛來，後來成為一大漁場，被稱作「紐芬蘭大淺灘」。當時的歐洲因為人口增加，導致食物消費量變多，再加上天主教（基督教的宗派之一）的戒律規定，一年總共要有一五三天不能吃肉，所以才改為吃魚。尤其是鱈魚的需求量很大，因為用鹽醃製即可方便保存，有時也被稱為「海中的牛肉」。

由於法國及西班牙等其他國家的船隊，也陸續湧入這個紐芬蘭大淺灘，所以和英格蘭人之間經常發生衝突。於是，在當時英格蘭女王伊莉莎白一世（Elizabeth I）的允許下，軍官漢弗萊・吉爾伯特（Humphrey Gilbert）渡海前往北美，並於一五八三年在國內外宣布占領紐芬蘭。這是英格蘭（後來的英國）在美洲大陸的第一個殖民地。後來，英格蘭的航海家亨利・哈德遜

英國的第一個殖民地

（Henry Hudson）探索了哈德遜灣沿岸，包括現在的努納福特地區、曼尼托巴省和安大略省等地。而哈德遜灣和哈德遜河都是以他的名字所命名。

然而，即使在成為英格蘭領土後，移民還是沒有進展，只有漁船定期進出的情況持續了一段時間。屬於亞寒帶的紐芬蘭，冬季最低氣溫可達零下二十度，一直被認為不適合定居。儘管如此，一六一〇年在英格蘭商人的共同出資下，成立了倫敦與布里斯托爾公司，進行紐芬蘭的開發，身為軍官兼下議院議員的約翰・蓋伊（John Guy）成為第一任總督（殖民地的長官）走馬上任。此後，在相當於現在省會的聖約翰周邊，移民數量逐漸增加。

「加拿大」這個地名

比英格蘭前進時間稍晚一些，後來法國也開始向這裡發展。來自佛羅倫斯共和國的航海家喬瓦尼・達韋拉扎諾（Giovanni da Verrazzano），在當時的國王法蘭索瓦一世（Francis I of France）的命令下，於一五二四年被派往現在的加拿大東部至美國佛羅里達州的沿岸探索。法國航海家雅克・卡蒂亞（Jacques Cartier）繼他之後，從一五三四年四月開始探索現今的愛德華王子島、聖羅倫斯灣等地。同年七月在位於現今魁北克省東南端的加斯佩半島登陸，並宣布法國占有該地。

卡蒂亞與當地的原住民易洛魁人接觸，並且從他們語言中意指「村落」的「Kanata」一詞，開始將這整個地區稱作「加拿大」。他還進一步探索聖羅倫斯河流域，將聖羅倫斯河和渥太華河匯合處的山命名為「Mont Réal」（皇家山）。這裡後來成為魁北克省的中心地，是該省最大的城市蒙特婁（法語為「Montréal」）的由來。

卡蒂亞在探索的過程中，從易洛魁人身上學到了很多。具代表性的一例，就是一種會流出甜

蜜樹液，名叫三角槭（英語稱作「Sugar maple」）的樹木。進入十八世紀後，前來開發的移民陸續建造小屋（Sugar house）來熬煮樹液，將樹液濃縮後製成的楓糖逐漸成為代表加拿大的產品。即使在現代，每年一到三月至四月的雪融時期，各地都會舉行盛大的楓糖豐收節。

卡蒂亞認為有一條航線可以從北美直接抵達亞洲而進行探索，同時他也在尋找易洛魁人代代相傳富含黃金的土地，只是全都沒有任何成果，最後他在一五四二年回到了法國。

大約在這個時候，為法蘭索瓦一世效力的軍官讓・弗朗索瓦・羅伯維爾（Jean-Francois de Roberval）在卡蒂亞的帶路下，與一群移民一同登陸北美洲。然而，羅伯維爾等人忍受不了冬季的寒冷氣候，便於一五四三年返國了。

建設「新法國」

在十六世紀的歐洲，新教徒（基督教的一個教派，Protestant）反抗天主教會的改革運動（宗教改革）蔓延開來。這場運動在法國也是愈演愈烈，主要是貴族和大商人分成天主教支持者和胡格諾派（新教的一個教派）支持者爭持不下，甚至發展成內訌（法國宗教戰爭）。因此，並沒有充裕的國力足以分配於海外發展，北美洲的殖民與開發進展的並不順利。

一五八九年上一個王朝瓦盧瓦王朝滅亡，成為新國王的亨利四世（Henri IV）創立了波旁王朝。亨利四世雖然是胡格諾派，但是他改信天主教後得到了國內外天主教勢力的支持，此外他也允許信仰胡格諾派的自由。因此讓內政維持穩定，後來正式向海外發展。

同一時期在法國的上流社會，對於用北美洲

法國的第一個殖民地

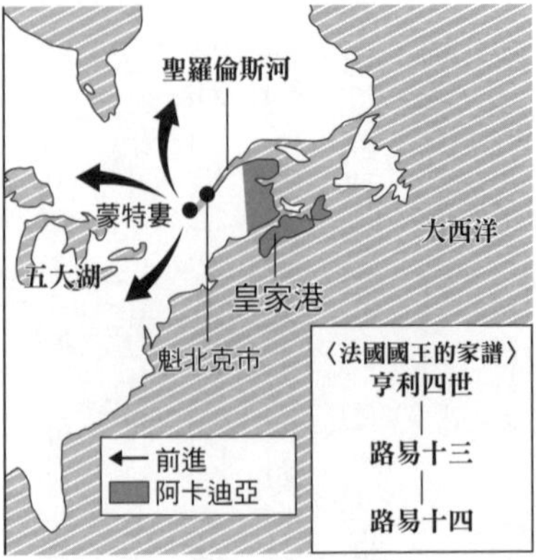

捕獲的河狸皮毛製成的帽子、手套和外套等物品的需求不斷擴大。十六世紀末，從王室獲得特許狀允許毛皮貿易專有權的商人陸續前往北美洲後，親自捕獵河狸，也會向原住民購買毛皮。

一六〇三年，為亨利四世效力的軍人，同時也是地理學家的山姆・德・尚普蘭（Samuel de Champlain）調查了北美洲各地。具影響力的貴族皮埃爾・德・蒙斯（Pierre de Monts）被亨利四世授予權限，以國王代理人的身分統治加拿大北緯四十至四十六度的地區後，一六〇四年尚普蘭與德・蒙斯隨即前往北美洲。

兩人抵達後，在現在的新斯科舍省安那波利斯溪谷，建設法國的第一個皇家港殖民地。現在經他們開發後的新斯科舍省、新不倫瑞克省一帶，被稱為「阿卡迪亞」。據說這個名字源自希臘語的「Ἀρκαδία」，意思是「理想鄉」。

在阿卡迪亞西方的聖羅倫斯河流域，於一六〇八年由尚普蘭建造了一個名為Habitation的建築物，設置了毛皮貿易站。這是「新法蘭西」（新法國）的核心「魁北克市」的開始。魁北克在原住民語言中意指「河流變狹窄的地方」。此外，有時新法蘭西指的是北美洲所有的法國領土，但在本書中，該名詞用來意指現在的魁北克省和安大略省一帶。

這座魁北克市為了準備與英格蘭軍隊作戰，建城牆包圍四周，成為在北美洲上唯一有城牆的城市。即使到了今日，仍留下許多保存十七至十八世紀法國氛圍的教堂、要塞以及總督官邸的建築物，因此在一九八五年城鎮上的一個角落「魁北克老城」（更名後現在稱為「魁北克歷史城區」），已經被登錄為聯合國教科文組織的世界文化遺產。

雖然一步步穩健地建立起殖民地，但是當時的法國王室對於增加移民推動開發卻十分消極。由於氣候寒冷不適合農業，再加上除了河狸皮毛之外並沒有其他的主要產品，所以他們才會認為不值得。而天主教會不允許新教徒的移民，這點也是移民無法增加的原因之一。

然而，在國王路易十三（Louis XIII）底下擔任宰相的黎塞留（Richelieu）卻徹底改變國家政策，他試圖擴大法國在北美洲的勢力，這是讓法國成為強國的一種手段。一六二七年在黎塞留的領導下，貴族、大商人、神職人員共同出資成立了新法蘭西公司（百人公司）。當這家公司被國家授予在北美洲的毛皮貿易專有權時，除了漁民和毛皮商人之外，還將天主教會派系之一的耶穌會傳教士送到北美洲，推動原住民的傳教工作。

增加定居者的數量

在十七世紀的中南美洲，移民而來的歐洲人們陸續建立了大規模的農場（Plantation），種植菸草以及成為砂糖原料的甘蔗等經濟作物。西班牙將中南美洲的原住民當作奴隸使喚，且開採後的金銀湧入英格蘭及法國等國家，並藉由這些財力積極與亞洲國家進行貿易。

大約在這個時候法國的國王更迭，路易十三的兒子路易十四（Louis XIV）登上了王位。在他底下擔任財政大臣暨海軍國務大臣的柯爾貝（Colbert），致力於振興工商業與貿易、擴大來自殖民地的收入，推動所謂的重商主義。他廢除了一直在虧損的新法蘭西公司，一六六三年新法蘭西成為了直屬國王的殖民地。

初期在開發新法蘭西上貢獻良多的人，就是被任命為殖民地第一位行政長官的軍官吉恩・塔隆（Jean Talon）。他推動開發改善了農業生產，同時將毛皮商人送進北美的廣大區域，讓他們去探索密西西比河流域。然而，他卻和新法蘭西總督克魯塞爾（Courcelle）在開發政策的問題上發生衝突，並返回法國。在現今的蒙特婁市區內就有一個以他名字命名的生鮮食品市場吉恩—塔隆市場，該市場於一九三三年開幕，以加拿大種類最豐富的肉類及蔬菜等產品而聞名。

一六七二年就任總督的芳堤娜伯爵路易・德・布阿德（Louis de Buade），建立了多個軍事據點並加強防禦，儘管與原住民及英國軍隊再三發生衝突，但是仍守住了新法蘭西。除此之外，就任主教的方濟各・拉瓦爾（Francis de Laval）整備了新法蘭西的教會組織，並在領地人民（在當地稱為「Habitants」）之間讓天主教信仰扎根，但是他也沒有干預政治，且經常與總督相互對立。

當時，來到加拿大的法國人正沿著聖羅倫斯河流域向內陸地區擴大活動範圍。然而，他們大多數是毛皮商人，為了尋求河狸皮毛而過著游牧生活。因此，魁北克市一帶的人口僅有二五〇〇人左右，如果和原住民或英格蘭人發生衝突時，可說光是防衛的人手都不足夠。事實上，英格蘭人與法國人屢次因為毛皮貿易的利益問題發生衝突，一六二九年魁北克市被英格蘭人占領，經由談判才在三年後歸還法國。

因此柯爾貝派遣移民以從事農業工作，試圖增加定居者的數量。早期的開發移民只有男性，但是在新法蘭西變成直屬國王之後，數百名被稱為「國王女兒」的單身女性隨即移居至此。她們的出生地區和身分地位各不相同，除了巴黎貧困階層的女性占了大部分之外，也有一些女性是擁有某些財產的階層。隨後在新法蘭西的移民彼此結婚成家，在當地出生的新一代不斷成長。

在國家主導下推動開發的新法蘭西，與祖國一樣由領主統治領地人民的體制逐漸根深柢固。另一方面，同為法國殖民地，但是主要由民間推動開發的阿卡迪亞，不太會感受到類似法國本土那種貴族與平民的社會地位差異，建立了一個比較平等的社會。

互相爭奪殖民地的英法

英格蘭女王伊莉莎白一世去世後，繼任者是伊莉莎白一世的遠親，也就是蘇格蘭國王詹姆斯六世（James VI，成為英格蘭國王後名為詹姆士一世）。因此，兩國成為擁有同一個國王的國家。

在十六世紀的英格蘭，英格蘭教會（英格蘭國教會）成立，脫離了天主教，並由國王擔任其領導人。當時的國王詹姆斯一世鎮壓了不屬於英格蘭教會，名為清教徒（Puritan）的新教教派。一些清教徒為了逃離鎮壓，於一六二〇年十一

來自英格蘭的新移民

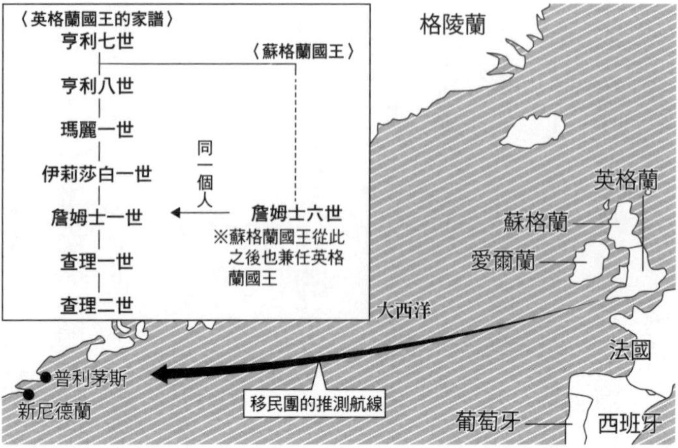

月渡海來到北美洲，移居普利茅斯（現在的美國麻薩諸塞州城市）。他們被稱為朝聖先輩，奠定了初期開發美國的基礎。此後在大西洋沿岸地區具有獨立意識的人們，也不斷從英格蘭遷入。

從一六二〇年代末到一六四〇年代這段期間，英格蘭在詹姆士一世過世後，他的兒子查理一世（Charles Ⅰ）無視國會操控政治，導致他與反對他的議員發生激烈衝突。一六四九年，查理一世遭反國王派的議員們處決，由反國王派的核心人物克倫威爾

（Cromwell）掌握實權，英格蘭變成共和制的國家。由於反國王派的議員多數為清教徒，所以這起事件被稱為清教徒（Puritan）革命。在這之後，當克倫威爾病逝時，查理一世的兒子查理二世（Charles II）於一六六〇年即位，並且恢復了君主制。

當英格蘭這個國家的政體出現顯著變化時，英法在北美洲的殖民地上一直相持不下。英格蘭在一六五四年占領阿卡迪亞，但是於一六六七年歸還法國。在英格蘭內戰平息後的一六七〇年，哈德遜灣公司成立。這家公司的正式名稱為「在哈德遜灣從事貿易的英格蘭總督與冒險家們」，被國王查理二世授予在哈德遜灣一帶的毛皮貿易專有權。該公司將英格蘭的勢力範圍，擴張至相當於現今加拿大的曼尼托巴省、安大略省和魁北克省等地區，屢次與法國裔的移民發生衝突。

大約在同一時間，荷蘭也推進北美洲，並在哈德遜河流域建立了新尼德蘭殖民地（後來的紐約）。然而，整個十七世紀荷蘭與英格蘭作戰（英荷戰爭）時處於劣勢，根據在一六七四年簽訂的《威斯敏斯特條約》，荷蘭在北美洲的殖民地幾乎都變成英格蘭的殖民地。

動盪不定的原住民社會

即便在同一塊北美洲，相當於現今美利堅合眾國的地區，氣候也比加拿大溫暖，因此從事農業的移民數量增加。後來，他們逐漸開始使用武力掠奪原住民的土地。相對於此，加拿大的移民不但遲遲沒有進展，而且大部分從事勞動的人都是漁民和毛皮商人，因此幾乎不會強行從原住民手中奪取土地。

儘管如此，原住民的社會還是因為和歐洲人接觸後受到很大影響。很久以前在原住民之間便存在部落與部落的衝突，但是關於毛皮利益的紛爭愈演愈烈，並透過與歐洲人進行毛皮買賣獲得的金屬製武器開始被使用之後，死傷人數增加。

舉例來說，過去生活在現在的加拿大到美國東部，由五個隸屬於易洛魁人的部落所組成的聯盟（易洛魁聯盟），與居住在五大湖周邊的休倫人（溫達特人）發生衝突，休倫人於十七世紀左右幾乎被滅亡了。

勢不可當的易洛魁人開始襲擊新法蘭西時，他們與祖國派來的法國軍隊以及在殖民地組成的軍隊，斷斷續續地進行交戰。這場戰爭持續了很長時間，最後雙方是在一七〇一年締結和平。

此外現今的易洛魁人，習慣稱自己為「霍迪諾肖尼」。

歐洲人也積極干預原住民的社會。法國還致力於向原住民進行天主教的傳教工作。許多傳教士除了傳教活動之外，同時試圖向原住民灌輸歐洲人的價值觀及習俗。然而，據說為了尋找獵物的游牧生活，以及一夫多妻的習慣，即便在成為基督徒後還是很難改變。

此外，在殖民初期來到北美洲的歐洲人絕大多數都是男性，因此他們有不少人都與原住民女性結婚了。他們為了毛皮貿易，與成為親屬的原住民建立友好關係。然而，從十七世紀後半期左右開始，當歐洲的女性大量移居之後，移民開始與移民結婚，形成了只有歐洲人的社群。結果他們與原住民之間產生了隔閡，對原住民的歧視意識開始蔓延開來。

英法衝突愈演愈烈

英格蘭與法國的在十七世紀末相持不下的情形愈演愈烈，不僅在歐洲，連在北美洲也屢屢發生衝突。

為了對抗法國要求在德國普法爾茨的所有權，以荷蘭為中心的奧格斯堡同盟成立後，英格蘭隨即支持同盟，並於一六八八年爆發大同盟戰爭（奧格斯堡同盟戰爭）。戰火也擴及到北美洲，於一六八九年展開威廉王之戰。這場戰爭於一六九七年結束，同年簽訂《雷斯威克條約》，但是在北美的領土並沒有改變。

一七〇一年因為西班牙王位的問題，在西歐爆發西班牙王位繼承戰爭，英格蘭與法國成為敵人。同一時期雙方也在北美洲交戰，以當時英格蘭國王的名字命名，這場戰爭也被稱為安妮女王戰爭。

在戰事持續中的一七〇七年，英格蘭與同樣位於不列顛群島的蘇格蘭合併，成立了大不列顛聯合王國（以下稱作「英國」）。安妮女王去世後，德裔的遠親喬治一世（George I）成為新國王（漢諾威王朝）。

西班牙王位繼承戰爭以反法勢力處於優勢後結束，並於一七一三年簽訂《烏得勒支和約》。因此，由各國承認法國所支持的菲利佩五世（Felipe V，路易十四的孫子）即位，以換取法國和西班牙將部分位於北美的殖民地割讓給英國，哈德森灣一帶、阿卡迪亞、自一七〇九年開始一直被法國占領的紐芬蘭，都併入了英國領土。

英國要求阿卡迪亞的人民改信英格蘭教會，也就是要效忠英國國王，但是大部分都是虔誠天主教徒的人民紛紛反抗。由於管理阿卡迪亞少不了人民的合作，因此英國做出讓步，除了允許人民享有宗教自由，而且英國在和法國及原住民發生戰爭時，也保證

當時的日本

創建江戶幕府的德川家康，他的曾孫德川吉宗以藩主的身分努力改善紀州（紀伊）藩的財政時，於1716年成為第八代將軍，便開始重整幕府的財政。這場改革持續了30年，從開始改革的年號被稱作享保改革。

將維持中立。

另一方面，失去阿卡迪亞的法國則致力於從聖羅倫斯河流域往更內陸的地區開發。一七四〇年在歐洲爆發奧地利王位繼承戰爭，英法兩國再次成為敵人時，在北美洲又爆發英法之間的戰爭（喬治王之戰）。

曾經屬於法國勢力範圍的路易斯堡要賽皇家島（現在的新斯科舍省北部）被英國軍隊占領，但是根據戰爭結束的一七四八年所簽訂的《阿亨條約》，該地被歸還給法國。

喬治王之戰結束的隔年，也就是一七四九年，英國因為與法國衝突不斷，為了鞏固防禦力量而在新斯科舍南部建造了哈利法克斯要塞。後來隨著英國在北美洲的殖民地不斷擴張，來自英國本土的移民數量隨之增加。

同一時期在英國本土出現圈地運動（大地主將土地私有化），所以北美的殖民地變成農民在祖國失去農田後的寄託。

確定由英國統治

英法在北美洲相持不下的最後階段，就是英法北美戰爭。當英國試圖將勢力範圍從北美洲的東部沿岸擴大至五大湖以南的俄亥俄河流域時，法國軍隊奮力抵抗，演變成一七五四年的大規模戰爭。周邊的原住民也被捲入了戰爭，易洛魁聯盟加入英國這邊，而居住在阿卡迪亞一帶的米克馬克人，則站在與他們長期保持友好關係的法國這邊。

最初，法國在北美洲的戰爭中占了優勢。只不過，新法蘭西的人口只有五萬左右，相對於整個北美洲的英國領地人口卻在一〇〇萬以上，法國何時會處於劣勢都不奇怪。一七五八年時任英國國務大臣（實際上的首相）皮特（Pitt）向北美洲增強軍力，並讓英國軍隊乘勢沿著聖羅倫斯河攻入內陸地區，且於一七五九年在魁北克戰役（法語稱作亞伯拉罕平原戰役）中獲勝後占領魁北克市。隔年攻下了蒙特婁。

戰爭以英國勝利告終，根據一七六三年簽訂的《巴黎和約》（密西西比河以東由英國取得，密西西比河以西由西班牙取得）將新法蘭西納入英國的統治之下，成立「英屬魁北克」。漂浮在紐芬蘭島海上的聖皮埃與密克隆群島成為了法國領土，但是後來英法的所有權之爭仍持續不斷，在一八一四年的《巴黎和約》規定下成為法國領土直到現在。

隨著一七六三年《巴黎和約》簽署後，英法在北美洲的爭奪情況終於結束了。英國開始能穩定經營北美的殖民地，曾經攻下蒙特婁的部隊指揮官詹姆斯・莫瑞（James Murray），成為英屬魁北克的第一任總督。

同樣成為英國領土的阿卡迪亞，在英法北美戰爭初期時，數千名法裔居民被英國強行驅逐，但是當中的一些人在戰爭結束後回到了原本的居住地。因此，在現在的新不倫瑞克，包含以前的阿卡迪亞，約有百分之三十的居民使用法語。

然而，在阿卡迪亞和魁北克的法裔移民當中，卻也有不少人不喜歡受英國統治，後來便移居到法國本土、加勒比海的法屬海地、相當於現在美國中西部的法屬路易斯安那（自一七六三年起為西屬路易斯安那。除了英國領土）。

後來留在魁北克的法裔居民，雖然在政治上與法國本土分離，但是他們繼續維持法語、天主教信仰和法國式的生活習慣，並且懷抱著「法裔加拿大人」的獨特民族意識生活著。

18世紀中葉左右的北美洲

〈1745年當時的北美洲〉

〈1763年當時的北美洲〉

耐人尋味的加拿大偉人❷

團結易洛魁人的調停者

德甘納威達

Deganawida

（1550～1600 年左右）

協議會還被美國開國元勛納入參考

在加拿大原住民的易洛魁人之間，長期以來一直都有內訌。隸屬於奧農達加部落的海華沙（Hiawatha）呼籲各部落結盟，但是遭到具影響力的塔多達霍（Tadadaho）強烈反對。此時出現了一位調停者德甘納威達，他依據神的啟示提到了白色巨木的形象，象徵向大地四方扎根的和平與合作。

德甘納威達與海華沙向人們宣傳這個形象，說服塔多達霍。後來據說他邀請五個部落的首領圍坐在篝火旁，制定了各部落的職責和共同規則，並召開部落的協議會。由此成立的易洛魁聯盟豎起白色巨木作為旗幟，德甘納威達則被稱為「偉大的調停者」。德甘納威達生活的時代記載的不明確，有諸多說法，但是據傳後來建立美利堅合眾國的華盛頓（Washington）等人，也曾將易洛魁聯盟的協議會作為議會政治的參考。

chapter 3

英國的殖民地

成為衝突根源的魁北克

一七六三年的英法北美戰爭結束後，當時的英國國王喬治三世（George III）向北美洲的殖民地發出公告。內容如下：①為了防止殖民者與原住民之間的衝突，包含五大湖周邊的阿帕拉契山脈以西作為原住民的居住地。②魁北克成為英國新領土後允許在此設置議會，但是禁止天主教徒成為議員。

同一時期，英國正為英法北美戰爭造成的鉅額戰爭費用所苦，決定向十三殖民地課徵印花稅及糖稅等稅金。十三殖民地指的是建於北美洲東海岸的十三個殖民地，包含朝聖先輩（參照第四十四頁）所建立合併普利茅斯的麻薩諸塞灣殖民地，以及南部的維吉尼亞殖民地等等。儘管十三殖民地自己的代表並不在英國本土，卻接連被課稅，於是提出「沒有代表便無須課稅」的口號，向英國展開抗議活動。

正在與十三殖民地持續相持不下時，英國國會於一七七四年六月制定法律用來治理魁北克。這部《魁北克法令》與前文所述的公告截然不同，當中的法令十分寬容，允許居民享有天主教信仰的自由、使用法國傳統的民法。此外，也決定將俄亥俄河以北的廣闊地區併入魁北克。這些治理政策的轉變，都是意圖得到魁北克居民的支持，同時施加壓力避免十三殖民地向西擴展邊界。

想當然，十三殖民地強烈反對《魁北克法令》。同年九月除了喬治亞以外的十二個殖民地（後來喬治亞也加入）的代表召開會議（第一屆大陸會議），強化了與英國本土對抗的立場。

美國獨立戰爭的影響

堪稱十三殖民地政府的大陸會議與英國之間的衝突逐步升級，並於一七七五年四月，英國軍隊與麻薩諸塞民兵在麻薩諸塞州殖民地發生衝突。後來美國獨立戰爭便由此展開。之後在緊接著召開的第二屆大陸會議上，曾在英法北美戰爭中率領民兵與法國軍隊交戰的喬治・華盛頓（George Washington），被任命為殖民地軍隊的最高司令官。華盛頓成為後來成立的美利堅合眾國首任總統。

事實上，十三殖民地也曾經試探魁北克去參加大陸會議，但是魁北克拒絕這項要求，並選擇了中立的立場。當時魁北克的居民大部分是法國人，儘管他們對英國心存排斥。而會造成這種情況都是因為下述這些事情。相當於現在的加拿大地區，包含魁北克在內，多數居民都是漁民和商人，他們並不想與主要的貿易對象英國變成敵人。再加上在先前的《魁北克法令》中信仰得到了保障，另一方面也因為存在一種風潮，會敵視新教清教徒眾多的十三殖民地。

雖然保持中立，但是當殖民地軍隊於一七七五年入侵魁北克時，不但襲擊了天主教堂，還掠奪魁北克

當時的日本

德川吉宗去世後，幕府的財政再次惡化。曾是將軍親信的田沼意次，從1772 年展開結構改革。雖然取得了一定的成果，但是農村還是發生了飢荒，當掌握權勢的將軍家治病逝後，意次便垮台了。

各地的物資。不久之後，英國軍隊的增援一抵達魁北克時，殖民地軍隊便撤退了。魁北克居民對這一連串的行為感到憤怒，決定與十三殖民地變成敵人。

十三殖民地與英國第一次相持不下時，他們只是聲明要廢除英國的不合理政策。可是隨著戰事拖延，他們卻開始主張要建立一個脫離英國完全獨立的新國家。隨後在一七七六年，宣布從英國獨立的文件在大陸會議中得到通過（《美國獨立宣言》）。

後來殖民地軍隊一直陷入苦戰，不過在一七七七年的薩拉托加戰（現在的美國紐約州北部）中獲勝後，就此讓局勢逆轉。

其中一個原因，就是在各種戰爭中一直讓英國吃盡苦頭的法國，趁著殖民地軍隊獲勝之際，決定站在大陸會議這邊加入戰爭。只不過，法國並不希望魁北克落入大陸會議的控制之下，採取了維持現狀的政策。

在法國軍隊也參戰的情況下，局勢逐漸倒向殖民地軍隊，西班牙和荷蘭也隨之跟進。一七八三年，英國與大陸會議簽署和平條約（《巴黎條約》），正式承認美利堅合眾國獨立。根據這項條約，英國將五大湖的南岸一帶（在其中四個湖上劃定邊界）及其以南的領土割讓給美國，魁北克的面積便縮小了。相當於現在加拿大的地區，與美利堅合眾國（此後稱作美國）區分開來後，開始統稱為「英屬北美」。

政治難民來了

美國獨立得到承認後，約有十萬名反對美國政府（第二屆大陸會議）的效忠派（君主制支持者）逃離至國外。其中半數的人湧入邊界接壤的英屬北美，其餘則分散到包括英國在內的歐洲各國，以及中美洲各地。據說這些人是十八世紀時世界上最大宗的政治難民。

此時湧入英屬北美的難民當中除了效忠派之外，還包括一些與美國有敵對關係的原住民、天主教徒，以及曾經協助英國軍隊而擺脫奴隸身分的黑人等等。反過來說，反對英國的君主制，並支持美國政府的英屬北美人民則移居到了美國。

18世紀後半期的北美洲

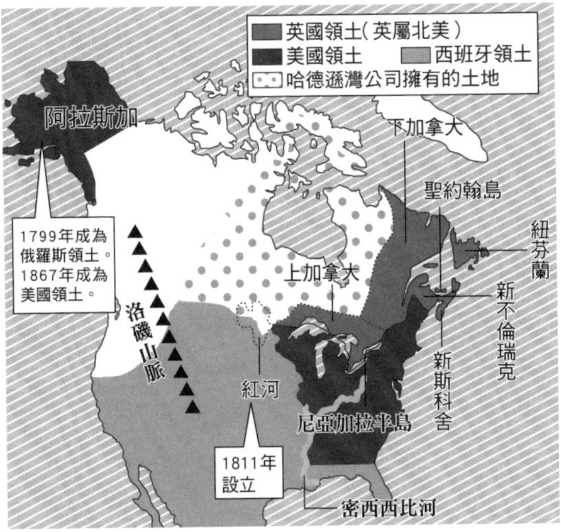

由於效忠派的湧入而人口激增的英屬北美，於一七九一年十二月通過《加拿大法案》，地區劃分和行政機構都經過革新。這是第一次，在英國的官方文書中使用「加拿大」這個地區名稱。

根據《加拿大法案》，魁北克被分割成東部有許多法裔居民的「下加拿大殖民地」（後來的魁北克省），與西部有較多英裔居民的「上加拿大殖民地」（後來的安大略省）。這兩個地區都由總督統一管轄，但是每個地區都設置了由居民主導的立法議會，以及屬於實質政府的管理委員會。

法國在先前的獨立戰爭中為

美國的勝利做出貢獻，並對英國報了一箭之仇，卻在一七八九年七月爆發革命（法國大革命）。結果，曾經是君主制國家的法國變成了共和國，貴族及天主教會失去特權，開始接連實施現代化改革，包括導入民法等等。然而，在與法國分離的下加拿大（魁北克），法國在革命前的傳統習俗和文化仍留有濃厚色彩。

此後在英屬北美的人口增加，加速開發。上加拿大農業發達，森林較多的下加拿大則是林業興盛。

在英屬北美除了上加拿大和下加拿大之外，還存在由哈德遜灣公司管理的北部海岸、西部內陸、紐芬蘭、相當於前法屬阿卡迪亞的新不倫瑞克殖民地（於一七八四年脫離新斯科舍殖民地）、新斯科舍殖民地、聖約翰島（於一七九九年更名為「愛德華王子島」）等地。

美國在一七七六年獨立後，從十三殖民地成立了十三個州，等到一個國家的框架穩固之後，便逐漸形成了超越州界的「美國人」共同意識。另一方面，英屬北美則是各個地區的習俗和法律各不相同且雜亂無章，在培養出「加拿大人」的共同意識之前，還有很長一段路要走。

與同業其他公司的競爭

從上加拿大與下加拿大將視線朝西，就會看到一大片尚未開發的土地。一七八三年由蒙特婁商人設立的西北公司，與哈德遜灣公司開始相互競爭開發土地，並從事毛皮的出口。河狸皮毛在英國早就已經供大於求，市場價格不斷下跌，儘管如此西北公司和哈德遜灣公司依舊互不相讓，競爭愈演愈烈。

在此期間，慈善家托馬斯・道格拉斯（Thomas Douglas，塞爾科克伯爵）從哈德遜灣公司取得現在曼尼托巴省溫尼伯一帶的土地後，於一八一一年在該地設立紅河殖民地，讓蘇格蘭的窮人移民過去。西北公司認為這會妨礙他們公司的活動，因此於一八一六年襲擊紅河殖民地，殺害了二十名與道格拉斯有合作關係的哈德遜灣公司相關人員。

這種激進的行為導致西北公司衰退，哈德遜灣公司於一八二一年與西北公司合併。道格拉斯過世後，紅河殖民地變成哈德遜灣公司持有。

向太平洋一側發展

早期北美洲的開發，是從靠近歐洲的大西洋一側開始著手，但是從十八世紀後半期開始推動太平沿沿岸的探險、開發。

英國的海軍軍官詹姆士・庫克（James Cook）在航行紐西蘭、澳洲、南極近海等水域之後，於一七七〇年代後半期調查北美洲的太平洋沿岸。據庫克表示，從白令海峽到今日美國加州一帶沿岸地區的地形已經大致釐清。緊接著，由庫克的部下喬治・溫哥華（George Vancouver）在一七九〇年代進行了更深入的調查。現在位於英屬哥倫比亞省南部的港口城市溫哥華，就是以這個人命名的。

此外，位於北美洲西端的阿拉斯加（現在的美國阿拉斯加州）在一七九九年當時，俄羅斯曾經宣布所有權並加以統治，俄美公司得到皇帝許可後透過狩獵取得毛皮，此外還開採了礦產資源。然而，由於難以從俄羅斯提供補給及投入人力，因此公司持續虧損。

即使到了十九世紀後半期經營還是不見好轉，財政一直惡化的俄羅斯最後在一八六七年，將阿拉斯加賣給了美國。當時的俄羅斯與英國敵對，他們認為與其被英國搶走阿拉斯加，讓俄羅斯隔著白令海峽與英國的國土接壤，倒不如賣給美國，至少還能彌補一些財政缺口。

走投無路的原住民

自十六世紀以來，有些地區的原住民與來自歐洲的移民關係良好，但是隨著歐洲人進一步開發，原住民的生活變得愈來愈困苦。舉例來說，過去一直生活在紐芬蘭的貝奧圖克人（Beothuk），由於歐洲人開始居住在他們原來的沿岸地區，導致他們逃往內陸，而無法維持捕撈海鮮的生活。猶如雪上加霜似的，經由歐洲人傳入的傳染病來勢洶洶，最後一個貝奧圖克人在一八二九年病逝，部落便從此消滅了。

一八三〇年代以後，在英屬北美各地保護原住民的同時，採取了階段性的「文明化」政策。這項政策的其中一環，就是由政府在指定的原住民居留地上，興建教堂、學校、道路、水車等設施。然而，教會相關人員卻對原住民自古以來的信仰及家族制度諸多干涉，因此原住民強烈反抗的例子並不在少數。

在橫跨現在的加拿大與美國中西部的洛磯山脈東方一帶，直到十八世紀法國和英國的毛皮商人與原位民之間頻繁通婚，兩者間誕生了很多人口，被稱為梅蒂人（Métis）。

許多與歐洲男性結婚的原位民女性及梅蒂人，精通原住民和歐洲人的兩種語言，成為雙方的中介人員為中西部開發貢獻良多。法裔梅蒂人信仰天主教，他們也培養出獨自的文化，例如他們精通一種梅蒂語（Michif），這種語言混合了原住民的語言和法語。

然而，到了十九世紀後這種情況發生變化。當中西部也有來自歐洲的移民，彼此通婚的人數增加之後，梅蒂人成為少數民族，變成被歧視的對象。

誠如第先前所提到的，大量來自蘇格蘭的移民湧入紅河殖民地，也導致了當地原位民與梅蒂人的摩擦。從此之後，來自歐洲的移民與原住民及梅蒂人的衝突，開始在中西部地區不斷發生。

成為英國盟友出戰

法國的君主制因革命垮台，於一七九二年成立共和制的國家之後，曾經實行君主制的歐洲國家擔心革命的餘波會波及到自己國家。因此，以英國為中心的國家結盟（反法同盟），向法國發動戰爭。試服擺脫這場危機的，就是軍官拿破崙（Napoleon）。拿破崙發揮了天賦優越的軍事才能，向各國發動反攻，隨即控制了西歐大部分地區，一度將英國逼入孤立的境地。

雖然美國在這場戰爭中採取了中立的立場，但是英國強行對大西洋上的美國船隻進行調查，確認他們是否載有英國的逃兵，並試圖妨礙他們向法國運送物資。除此之外，美國誤認英國一直在支持國內反抗的原住民，對英國的仇恨與日俱增。一八一二年，美國的憤怒終於到達頂點，向英國宣戰後爆發美英戰爭。在美國也稱作第二次獨立戰爭。

戰爭開始的第二個月，美國軍隊攻入上加拿大。當時上加拿大的人口有八成是從美國湧入，因此美國方面認為不會受到強力抵抗便能將上加拿大合併，但是留駐在上加拿大的英國軍隊頑強抵抗，於尼亞加拉半島展開激戰。順帶一提，尼加拉大瀑布（加拿大瀑布、美國瀑布、布里達爾維爾瀑布這三個瀑布的統稱）就位於這個地方，夾在安大略湖西南岸與伊利湖東北岸之間。

戰爭繼續時好時壞的局勢，但是在相當於現今比利時王國的城市根特簽署和平條約後結束。領土與戰爭開始前沒有不同，兩國幾乎都沒有太多具體成果。然而，英屬北美的效忠派卻乘著這次戰爭的機會，加強了對英國的忠誠度與對美國的反抗心，而這種意識也導致他們形成了一種自己是「加拿大人」的國民意識。

此外，即使在戰爭期間，新斯科舍等英屬北美大西洋沿岸地區的殖民地，還是持續與美國進行貿易。雖然同為英國的殖民地，但是其影響力也並非一致。

來自英國一〇〇萬的移民

美英戰爭後，英國和美國簽署協議，於一八一八年商定從五大湖以西到洛磯山脈為止，將北緯四十九度線作為英國（英屬北美）和美國的邊界。而且，從洛磯山脈以西到太平洋海岸這片地區，被認定為兩國的領土，將問題延後解決。另外，英國為了軍事運輸，於一八三二年完成了一條連接渥太華河和安大略湖，全長約二〇〇公里的運河，鞏固對美國的防禦。在北美洲最古老的這條麗都運河，於二〇〇七年被聯合國教科文組織登錄為世界遺產。

當北美洲平靜下來之後，從英國到英屬北美的移民急速增加，這些人數在一八一五年至一八六五年為止甚至高達一〇〇萬人。在資本主義發達的英國，由於景氣循環的關係，大約以十至二十年為周期就會出現大量的失業者，因此包含英屬北美在內的海外殖民地才會成為失業者的寄託。從英屬北美載送木材到英國的運輸船，在返回英屬北美之際都會有大量移民搭乘。

也有少數來自英國以外的歐洲國家移民。他們大多數都是德語圈的新教徒，所以與天主教徒眾多的法裔居民相較之下，不太會與英裔居民發生衝突。

此時在美國南部的大農場裡，有大量的黑人奴隸從事勞動工作。在這當中也有一些奴隸難以忍受嚴峻的工作環境而逃跑，他們都湧入英屬北美。因為在上加拿大早英國及其殖民地一步，於一七九三年的議會中通過了禁止奴隸貿易的反奴隸法。

一八五二年出版，由美國作家哈

里特・斯托（Harriet Stowe）創作的小說《湯姆叔叔的小屋》，就是根據一八三〇年逃往英屬北美的前奴隸喬賽亞・亨森（Josiah Henson）的經歷所寫成。這部作品生動地描寫了黑人奴隸的悲慘生活，十分暢銷，並成為美國廢除奴隸制度備受議論的因素之一。

接連在上下加拿大叛亂

人口隨著移民急速增加，導致居民之間因為政治主導權的問題相持不下。當時的加拿大每個地區都設有立法議會，但是不管這個立法議會的意向如何，實際上都是由身為地方政府的管理委員會做決策。例如在下加拿大，總督只會任命效忠自己的英裔居民成為管理委員會的一員，因此占多數的法裔居民，他們的聲音幾乎都遭到忽視。

在這種情況下，在立法議會中屬於法裔議員核心人物的路易斯—約瑟夫・帕皮諾（Louis-Joseph Papineau）便挺身而出，多次主張擴大立法議會的權限。

但是遭到拒絕，後來便逐漸與管理委員會站在對抗的立場。

一八三七年十一月帕皮諾與他的支持者終於引發叛亂。只不過，由於天主教信仰得到保障，下加拿大的法裔居民裡很多都是向英國表示順從的保守派，對叛亂的支持並沒有大幅蔓延開來。帕皮諾也很快便逃往至美國。最終，叛亂於隔年的十一月遭到鎮壓，十二名主謀被人處決，另外還有數十人流放到英屬澳大利亞。

在同一時期的上加拿大，由少數的資深效忠派主導立法議會和管理委員會，政治活動受到限制的新移民，在他們之間不

滿的情緒也愈發高漲。立法議會的議員威廉·萊昂·麥肯齊（William Lyon Mackenzie）主張，為了在政治上反映更多的民意，應建立一個責任政府，如同英國本土的內閣制度，從立法議會選出的人要向議會負責，並擔負起行政工作。

麥肯齊得到了人民的支持，成為首任多倫多市長，但是效忠派等保守派與總督勾結，妨礙他的政治活動。走投無路的麥肯齊，加強對政府的反抗，呼應下加拿大的反叛後在上加拿大引發叛亂。然而，支持者人數並不多，而且比下加拿大的反叛更快就被鎮壓。麥肯齊逃往美國，主要參與者則被判死刑或流放。

上加拿大和下加拿大的叛亂以失敗告終。只不過，英國本土大約在這個時候，隨著城市居民的增加，而被迫推動擴大選舉權以及改善工人待遇，這些影響也連帶造成殖民地居民的權利擴大。

重組為「加拿大聯合省」

一八三八年，約翰·蘭姆頓（John Lambton，第一代達拉謨伯爵）出任英屬北美的總督，但是不包括紐芬蘭。蘭姆頓調查了英屬北美的實際狀況，並向英國國會提交一份名為《達拉謨報告》的文件。

在這段期間，蘭姆頓認同建立加拿大內部改革派長期以來要求的責任政府，同時主張將上加拿大和下加拿大合而為一。當時上加拿大和下加拿大的人口，推估英裔居民共有五十五萬人左右、法裔居民約四十五萬人，所以他認為兩個地區統一後由居民來管理立法議會和行政部門的話，占多數的英裔居民將壓制法裔居民，未來法裔居民也會接受英國的文化和習俗。

根據這項提議，上加拿大和下加拿大於一八四一年合而為一，組成了「加拿大聯合省」。當自治政府成立時，省會最初是設在「西加拿大」（原上加拿大）的金斯頓（現為安大略省的一個城市），但是在一八四四年遷至「東加拿大」（原下加拿大）的蒙特婁，自此以後，往返於西加拿大的多倫多與東加拿大的魁北克市。在這段期間，新興的小城市渥太華（在當地原住民語言中意指「以物換物」或「森林之人」）浮上檯面，成為最有希望的候選城市。渥太華不但位於西加拿大還與東加拿大毗連，而且比多倫多或魁北克市距離美國邊界更遠一些，所以是一個在防衛上更適合的地點。最終，由當時的英國女王維多利亞（Victoria），於一八五七年決定將渥太華定為首都（實際上是在一八六五年才遷都）。

儘管現在的政府機構全集中在渥太華，但是它的城市規模卻比不上蒙特婁和多倫多。蒙特婁有大量商人雲集，在十九世紀是英屬北美的經濟中心。多倫多在原住民的語言中意指「人聚集的場所」，因其位處交通樞紐而迅速發展。一八二七年由英格蘭教會設立的國王學院（後來的多倫多大學），自一八四九年成為非宗教的教育機關後開始接納許多學生，並發展成為加拿大最大的大學。

在二〇二〇年期間，渥太華約有一〇〇萬的人口，蒙特婁約有二〇〇萬的人口，另外人口數約有三〇〇萬的多倫多則是加拿大最大的城市。

在英國積極推行殖民地改革的輝格黨於一八四六年掌權，蘭姆頓的女婿詹姆士・布魯斯（James Bruce，第八代額爾金伯爵）於隔年就任為加拿大總督。在詹姆斯的帶領下於一八四八年導入責任政府，和英國本土一樣，在加拿大聯合省

19世紀前半期的北美洲

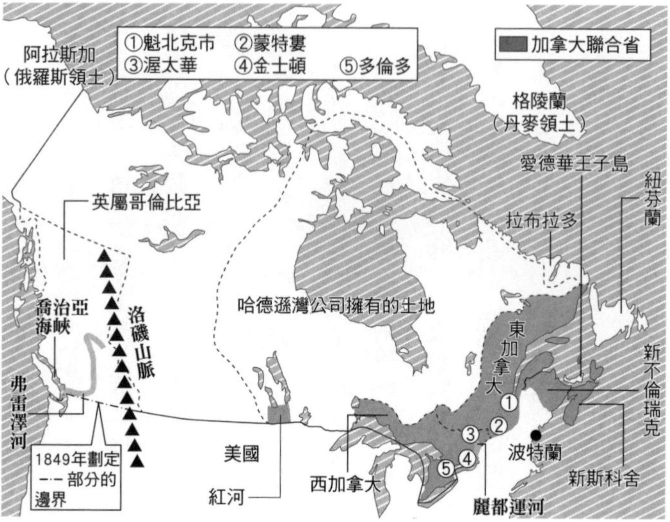

採用了內閣制度，意味著自治權擴大了。話雖如此，外交權等仍掌握在英國手中。

加拿大聯合省成立後，立法議會在西加拿大和東加拿大選出相同人數的議員，並分別設置一名首相。第一任的西加拿大首相羅伯特・鮑德溫（Robert Baldwin），與東加拿大首相路易斯—希波爾特・拉方泰恩（Louis-Hippolyte LaFontaine），在各自的地區以改革派之姿採取了相同步調。新斯科舍殖民地則是早加拿大聯合省一步，也成立了責任內閣。在該地區議會同樣是改革派較具有影響力。

英國會允許英屬北美擴大自治權的背後原因，是為了推動殖民地能經濟獨立，並降低管理殖民地的龐大開支。

兩種官方語言

即使在加拿大聯合省重組後，英裔居民與法裔居民之間的衝突仍然存在。但是在制度上，雙方立場是平等的，當責任政府成立之際，議會及法院的公文上使用的官方語言，不僅採用了英語也採用了法語。

法裔居民居住的地方，不只是在東加拿大。例如新斯科舍等前法屬阿卡迪亞一帶的人口，就有百分之十左右為法裔。在前文提到的《達拉謨報告》中，蘭姆頓曾充滿歧視地將法裔居民描述為「沒有歷史和文學的民族」。然而，在加拿大聯合省成立後，蘭姆頓曾想讓英裔居民對法裔居民進行同化卻沒有進展，不儘如此，法裔居民還開始強烈主張自己的權利和文化。

在東加拿大出生長大的法裔歷史學家嘉諾（Garneau）對《達拉謨報告》的觀點持反對意見，他在一八四五至一八四八年期間撰寫了共三本的《加拿大史》，以魁北克為主，從法裔的角度論述了加拿大的歷史。大約在同一時期，美國詩人亨利・華茲華斯・朗費羅（Henry Wadsworth Longfellow）發表了長篇敘事詩《伊凡吉林》（Evangeline）。他將十八世紀英法北美戰爭當時，阿卡迪亞（參照第三十八頁）男女的不幸遭遇戲劇化地描繪出來，引起了人們的關注。

在法裔居民的強烈主張下，在一八四九年的立法議會中，同意向下加拿大發生叛亂時遭受損害的法裔居民進行賠償。

這個決定，在一些激進的英裔居民眼中被視為是對法裔居民的優厚待遇，引發了位於蒙特婁的立法議會議事堂遭人縱火的事件。

在紐芬蘭殖民地的居民之間，種族衝突也浮上了檯面。不過，他們並不是英裔居民和法裔居民，而是英裔居民和愛爾蘭裔居民所造成的。愛爾蘭自一八〇一年以來一直屬於英國的構成國，當愛爾蘭在一八四〇年代發生大饑荒時，大量人口湧入英屬北美，尤其是紐芬蘭。來自愛爾蘭的移民以新教徒占多數，但是他們的語言及生活習慣卻與英裔居民不同。一八五五年在紐芬蘭也成立責任政府時，英裔居民與愛爾蘭裔居民多次在議會中發生衝突。

加強與美國的連結

在十九世紀後半期的英屬北美，漁業持續興盛，但是因為過度捕獵導致河狸數量減少，毛皮產量徹底下滑，取而代之的是林業蓬勃發展。因為枕木對當時正在進行擴建的鐵路鋪設不可或缺。此外隨著土地不斷開發，小麥生產成為英屬北美的主要產業。而英國本土在進口這些產品上享有優惠關稅的待遇，英國本土則向英屬北美出口工業產品。就這樣，當時英屬北美的經濟便不斷成長。

然而，到了維多利亞女王統治的一八四〇年代，英國為了重整財政而改變了保護負擔龐大的殖民地（舊殖民體制）政策，決定也向殖民地採取自由貿易政策。隨後，在一八四六年廢除殖民地的優惠關稅措施（廢除穀物法）。

這導致英屬北美的金融界受到很大打擊。而且來自愛爾蘭的大量移民，以及因此引發大流行的傳染病後所採取的對策，都讓英屬北美的經濟愈發惡化。

除了一直以來的種族衝突之外，再加上經濟惡化，使得英屬北美的人民充滿不滿的情緒，在這期間蒙特婁的一些商人於一八四九年，在報紙上發表美加合併宣言。只不過，這屬於民間的私人運動，在整個英屬北美與美國合併的意見仍屬少數。

英國本土對英屬北美這樣的動向充滿強烈的危機感，開始正式與美國進行一直寄予厚望的貿易談判，以此作為解決英屬北美經濟蕭條的方法。一八五四年，在美國首都華盛頓以英國代表身分出席的總督埃爾金（Elgin），與美國國務卿威廉・勒尼德・馬西（William Learned Marcy）簽署了《美加互惠通商條約》（《埃爾金—馬西條約》）。

在條約當中，英屬北美和美國所有初級產品（穀物類、木材、棉花等等）的關稅都相互免除了。在這之後，英屬北美與美國的貿易規模不斷成長。

在此時的商業交易中，一般都是使用將英國貨幣英鎊與英屬北美貨幣價值相符的加拿大鎊。然而，隨著與美國的貿易以及企業之間的投資增加，使用美國貨幣美元的機會逐漸變多。因此，在一八五〇年代發行了與英屬北美貨幣價值相符的「加拿大元」，逐漸取代加拿大鎊而固定下來。

靠鐵路相連的邊界

當英國在一八二五年開通世界上第一條鐵路時，這項技術也傳到了英屬北美。英屬北美第一條鐵路於一八三六年在蒙特婁近郊開始營運，一八五〇年代在五大湖周邊的鐵路陸續開通後，逐漸建立起與美國之間的物流網絡。

鐵路開始營運以前，即使想在冬季透過船隻將加拿大生產的小麥及木材運送至大西洋沿岸，魁北克及新斯科舍亞沿岸出口港口的海面上都會被冰層覆蓋而無法使用。因此，位於更南邊的美國緬因州城市波特蘭便被選為新的出口港口，後來在一八五三年，開通了連接蒙特婁和波特蘭的大幹線鐵路（Grand Trunk Railway）。

包括這些鐵路在內，直到一八六〇年為止，在英屬北美鋪設的鐵路共達二八〇〇公里。英屬北美的鐵路在最初，諸如軌距等都是採用英國的規格，但是為了方便相互延長而修改為美國的規格，因此除了英國之外，來自美國企業家的投資也增加了，使得鐵路的鋪設速度加快。

隨著交通網絡的發達，西部的開發也取得了進展。當時，美國和英國（英屬北美）在洛磯山脈以西的邊界有一個地方尚未劃定，成為英國和美國的爭論點（參照第六十九頁）。然而，在一八四六年《奧勒岡條約》簽訂後，終於決定以太平洋沿岸（喬治亞海

當時的日本

1854年日本簽署《神奈川條約》及《日英和親條約》後，向世界敞開了國門。並於1858年締結《日英修好通商條約》，而當時英國方面的代表就是詹姆士・布魯斯，曾擔任加拿大總督直至1854年。

峽）的北緯四十九度線為邊界，劃定了英屬北美與美國之間除了阿拉斯加以外的邊界，後來溫哥華島成為英國領土。

同一時期，在流經洛磯山脈周邊的弗雷澤河流域發現了金礦，英國人為了釐清其所有權，於一八五八年在一直由哈德遜灣公司管理的太平洋沿岸地區，成立了英屬哥倫比亞殖民地。

耐人尋味的加拿大偉人③

美英戰爭中的無名英雄

勞拉・西科德

Laura Secord

（1775～1868）

為英國軍隊的勝利做出貢獻

勞拉出生於現在美利堅合眾國的麻薩諸塞州伯靈頓，但是在美國獨立後的動盪期間，因為難以維生而和家人一起搬到了現在加拿大的安大略省昆斯頓。在那之後，她嫁給了效忠派的商人詹姆斯・西科德。

美英戰爭期間的1813年，她代替在戰爭中受傷的丈夫，獨自走過一條約32公里長的險峻山路，向盟友英國軍隊通報敵人逼近了。由於這個通知，英國軍隊在緊接而來的戰鬥中取得赫赫戰功。

雖然勞拉的勇敢作為早已被人遺忘，但是1860年正在旅居加拿大的英國王儲阿爾伯特・愛德華（Albert Edward，後來的國王愛德華七世）曾經讚揚勞拉的功勞而備受關注。後來，以勞拉名字命名的巧克力上市之後，這個名字就開始在加拿大人之間廣為人知了。

chapter 4

自治領地的成立

雜亂無章的殖民地

在一八五〇年代左右的英屬北美，除了由西加拿大與東加拿大組成的加拿大聯合省之外，還有位於新不倫瑞克、新斯科舍、愛德華王子島（參照第六十二頁）這些沿海地區的殖民地，以及位於東北方的紐芬蘭、由哈德遜灣公司管理的北部至西部地區（諸如現在的西北領地、薩斯喀徹溫省、英屬哥倫比亞省等等）。每個地區都有不同的產業、生活習慣及文化，雖然生活在同一塊大陸上，且分別處於英國的統治之下，但是在此時此刻卻是雜亂無章，關係並不緊密。

在殖民地當中，隨著加拿大聯合省的居民增加，農業與工商業發達，正在脫離英國建立起一個獨立的經濟圈。話雖如此，政治卻極為不穩定，從一八四一年加拿大聯合省成立至一八六七年為止，政權已經易手十八次。主要的原因，是英裔居民占多數的西加拿大，與法裔居民較多的東加拿大之間形成對立，在各自的地區都有代表傳統價值觀以及權貴利益的保守派，與反抗保守派的改革派混雜在一起。

另一方面，新不倫瑞克、新斯科舍、愛德華王子島等各殖民地皆以漁業和林業為主，他們與魚類和木材出口目的地的英國及美國在經濟上的連結十分緊密，反過來說，他們與加拿大聯合省的關係卻相當薄弱。愛爾蘭裔居民占多數的紐芬蘭，這種傾向尤其強烈。

除此之外，哈德遜灣公司還管理一片廣大地區，以該地的第一任總督昆布蘭公爵魯伯特（Rupert）的名字命名，稱作「魯伯特地」。然而，由於氣候寒冷且大部分的土地並不適合農業，所以在開發上遲遲沒有進展，地區內的人口稀少。另外，哈德遜灣公司除了收購和銷售毛皮外，還主導了居住地的建設，在十九世紀後半期甚至開始從事零售業務。

脫離哈德遜灣公司的管理，於一八五八年成立的英屬哥倫比亞殖民地，受到縱貫大陸的洛磯山脈阻擋，與其他地區極少交流。而且，想要從加拿大聯合省前往該地，必須特地路經美國。

對美國抱持強烈戒心

在整個十九世紀，英屬北美的政治及經濟，受到宗主國的英國及其相鄰的美國強烈影響。

當時的英國正處於維多利亞女王的統治之下，工業革命導致使用蒸汽機的大規模工廠、鐵工廠、蒸汽機車、電報通訊網絡等十分普及，達到了顯著的發展，甚至被稱作「世界工廠」。此外，英國也積極前進亞洲及非洲，將它們視為工業產品的出口目的地、農產品和自然資源的進口來源。一八四二年與中國清朝的戰爭（鴉片戰爭）獲勝，贏得了香港作為東亞貿易的據點，並於一八五八年將整個印度置於統治之下。

於是英國開始在世界各地持有殖民地，但是為了減輕人力（軍隊屯駐）和經濟上的負擔，英屬北美整備了用於自衛的軍事力量，開始渴望進行某種程度的自治。對於英屬北美而言，在軍事上最大的威脅是美國。即使在一八一二至一八一四年的美英戰爭結束後，兩國之間的衝突也沒有完全消失，如果發生戰爭的話，可見英屬北美將會成為戰場。另外，獨立時只有東部沿海地區的美國，於一七八三年的巴黎條約（參照第五十九頁）、於一八〇三年收購法屬路易斯安那（西班牙於一八〇〇年將密西西比河以西的地方歸還法國）、歷經和墨西哥的戰爭後將領土擴大至現在的德克薩斯州等西部各州，還有人在美國呼籲將領土向北擴張到《奧勒岡條約》所規定的邊界之外，以及併吞英屬北美，這些都是英國對美國更加警戒的主要原因。

邁向統一的時機高漲

在政治長期處於不穩定狀態的加拿大聯合省，英裔與法裔、保守派與改革派紛紛認為應該打破雙方相持不下所造成的僵局，英裔保守派的議員約翰・亞歷山大・麥克唐納（John Alexander Macdonald），與試圖和英裔協調的法裔保守派議員喬治—艾天・卡蒂埃（George-Étienne Cartier）達成合作關係，於一八五四年組成了保守黨。麥克唐納是一名律師，在小時候就從英國的蘇格蘭移民到上加拿大（西加拿大）。卡蒂埃是一位出生於下加拿大（東加拿大）的律師。他的父親是來自法國的移民，與魁北克出生的母親將他扶養長大，年輕時曾參加過一八三七年的叛亂（參照第七十二頁）。

一八五六年由保守黨組成內閣，但是在議會中與英裔的改革派、法裔的改革派發生衝突。過去加拿大聯合省在成立時，西加拿大的人口約四十八萬，東加拿大的人口約六十七萬，但是西加拿大和東加拿大的議員人數卻一樣。後來，隨著移民的增加，西加拿大的人口超過了東加拿大。因此，克利爾・格瑞特認為英裔居民占多數的民意應該反映在政治上，強烈主張議會議員人數應與人口成比例。

除此之外，克利爾・格瑞特也主張要積極開發在哈德遜灣公司管理下的西部。因為在西加拿大農業人口增加之下，缺乏新的農地。除此之外，克利爾・格瑞特還主張要求導入聯邦制，讓各地區對於中央政府擁有較大的權限，而汝格也同意這個想法。

基於改革派的這些主張，保守黨向議會提議統一整個英屬北美，包括三個沿海殖民地。這是一項符合保守黨立場和國家利益的政策。

長期以來，由保守黨組成的加拿大聯合省政府都很重視產業界的利益，為大幹線鐵路提供了大量的資金援助。然而，五大湖周邊一直是由美國的鐵路公司負責運輸，再加上沿線人口較少的大幹線鐵路的營運持續出現虧損，對財政造成了負擔。因此，大幹線鐵路的高階主管，也和英國鐵路行政關係密切的愛德華・沃特金（Edward Watkin），提出一個大膽的建議。就是要整合英屬北美，並且完成連接蒙特婁和新斯科舍哈利法克斯港的殖民地鐵路（Intercolonial Railway），此外還要興建從西部地區到太平洋沿岸的橫貫大陸鐵路，最後要讓整個英屬北美成為了一個大型經濟圈。

南北戰爭促進了團結

當英屬北美的統一在政治上和經濟上都受到爭論時，發生了一起事件，讓情勢從完全意料之外的方向出現巨大變化。這就是始於一八六一年四月的美國南北戰爭。當時美國北部各州的工商業發達，採取貿易保護主義以保護國內產業，從人道方面的考量廢除了奴隸制度。另一方面，南部各州是以種植棉花出口海外為主要產業，在農場裡雇用了大量黑人奴隸從事勞動。當北部與南部針對允許奴隸制的州包含哪些範圍的問題而發生衝突時，南部各州組成了美利堅聯盟國（南方邦聯），並宣布脫離合眾國。由於北方的中央政府並不允許這樣做，於是兩個地區便進入了戰爭。

雖然英國在南北戰爭中表明了中立的立場，但是英國也會從美國南部進口棉花，坦白說一直都是支持南部。一八六一年十一月發生了一起事件，危及到英

當時的日本

1862 年發生了薩摩藩武士以失禮為由，砍殺了數名英國人的「生麥事件」。英國方面也向薩摩藩要求賠償，但是薩摩藩卻拒絕了。隨後於隔年，英國艦隊出現在鹿兒島灣，發射了艦炮，造成市區巨大的損害。

國的立場。英國郵輪特倫特號在巴哈馬海面的公海上，被一艘美國北軍的艦艇攔截，人在船上的南方特使被捕。這起特倫特號事件導致兩國關係急速惡化，出現了美國北軍是否會入侵英屬北美的疑慮。

加拿大聯合省政府為了與美國開戰做準備，主張建立一支大規模的市民軍。然而，由於預算不足而遭到法裔議員反對，因此遭到議會否決了。英國的危機感與日俱增，催促加拿大聯合省政府將英屬北美統一成一個聯邦，並團結起來以鞏固對美國的防備。

隨著南北戰爭的戰事拖延，過去一直動盪不安的加拿大聯合省政界開始團結一致，曾經與保守黨敵對具影響力的英國裔改革派議員喬治・布朗（George Brown），和保守黨形成合作關係。長期以來敵視英裔居民的東加拿大天主教會相關人士，也害怕被敵視天主教傾向強烈的美國吞併，轉而支持英屬北美統一。

一八六四年，法裔激進改革派以外的議員組成了大聯合內閣。這個以麥克唐納、卡蒂埃、布朗為核心的內閣設定了目標，要在英屬北美各地區組成聯邦，選出與各地區人口成正比的議員數量，併入哈德遜灣公司控制下的西部地區。

小島上的意見一致

在加拿大聯合省統一英屬北美不斷推進的同時，在新不倫瑞克、新斯科舍、愛德華王子島沿岸地區的三個殖民地，也在摸索著與加拿大聯合省，而不是與美國強化關係。預估會成為這一大步的關鍵，就是建設連結蒙特婁與新斯科舍哈利法克斯港的殖民地鐵路相關協定。然而，這項協定卻因為加拿大聯合省內部的意見不合而遭擱置。因此沿海地區殖民地的代表們，制定了單純整合沿海地區殖民地的政策，於一八六四年九月在愛德華王子島的查洛頓，召開了一場會議（查洛頓會議）來討論這個問題。加拿大聯合省的領導人物麥克唐納、卡蒂埃、布朗要求參加這場會議，並獲得允許。

三人在會議上呼籲統一整個英屬北美的必要性，結果沿海地區的殖民地代表也傾向同意。因此，這場會議也被稱為「組成聯邦的搖籃」。同年十月除了加拿大聯合省與沿岸地區各殖民地的代表之外，紐芬蘭的代表也加入了在魁北克市召開的會議（魁北克會議），討論到最後採用「魁北克決議」決定了聯邦的政策。後來由於聯邦的成立，參加查洛頓會議及魁北克會議的代表們，如今都被尊稱為「聯邦的創建之父」。

魁北克會議的爭論點，是聯邦成立後，各地區相對於中央政府能擁有多少的政治獨立性。在加拿大聯合省內部，主要是排斥被英裔同化的法裔有不少人反對統一。儘管如此，在加拿大聯合省議會仍以九十一票對三十三票的大幅差距通過魁北克決議。

另一方面，在沿海地區各殖民地的議會

中，因為擔心經濟上的主導權會掌握在金融界人士手中，所以反對加入聯邦的意見占多數。後來估計人口較少的愛德華王子島，即使加入聯邦後在政治上也得不到多大的發言權。紐芬蘭也認為，他們與英國在經濟聯繫上比加拿大聯合省來得緊密，再加上他們與加拿大本土在陸地上並沒有連接，所以縱使開通殖民地鐵路也不會得到好處，最後對於加入聯邦態度消極。

儘管如此，想要推動英屬北美統一的英國，還是向新不倫瑞克和新斯科舍鼓吹，讓支持加入聯邦的勢力握有議會的主導權。此外由於加拿大聯合省，承諾經濟上的援助以作為回報，後來財政赤字龐大的沿海地區各殖民地，紛紛傾向加入聯邦。

沿海地區的殖民地遭到襲擊

南北戰爭最在一八六五年由北軍獲勝而告終。戰爭期間，美國總統林肯（Lincoln）發表《解放奴隸宣言》，英國的輿論也從人道主義的觀點傾向於支持美國政府。儘管如此，英屬北美與美國的緊張關係仍然持續。

前文提到英國在南北戰爭期間處於中立的立場，但是英國的民間造船廠接到南軍的訂單後建造了阿拉巴馬號等軍艦，後來北軍的軍艦及運輸船受到這些軍艦極大的損害。戰爭結束後，美國政府嚴厲譴責這種行為屬於違反中立義務，有些政治家便主張要吞併英屬北美以取代賠償。

在和美國之間瀰漫著危險氛圍下，應美國方面的要求《美加互惠通商條約》於一八六六年三月（參照第八十頁）失效，英屬北美不再獲得與美國之間的優惠關稅待遇。就在四月，由居住在美國的愛爾蘭裔移民組成，提倡愛爾蘭獨立的武裝勢力（芬尼亞兄弟會）襲擊了新不倫瑞克的沿岸，作為抗議英國的行動之一。五月至六月芬尼亞兄弟會還入侵英屬北美境內，並在西加拿大與市民軍交戰（李奇威戰役）後撤退。趁著這一連串戰鬥的機會，為了在沿海地區的殖民地加強防禦能力，因此要求加入聯邦的呼聲也愈來愈高。

一八六六年十二月，同意加入聯邦的加拿大聯合省、新不倫瑞克、新斯科舍的代表與英國政府相關人員，於英國倫敦召開了會議。根據這次倫敦會議中達成的協議，在英國國會中審議並通過了一項法案，經維多利亞女王批准後，《英屬北美法令》於一八六七年三月通過。因此，儘管加拿大仍屬於英國，卻已經成為一個擁有自治權的聯邦國家。

直到二十世紀後半期加拿大憲法立法為止（詳情容後再述），《英屬北美法令》被視為加拿大自治領實質上的憲法。在美國《獨立宣言》中提倡「生命、自由、追求幸福」的價值觀，相對在《英屬北美法令》中，則是將「和平、秩序、善政」這些詞句列為自治領地主張的價值觀。

「國王的統治和領土」

一八六七年七月一日，《英屬北美法令》生效，加拿大自治領（Dominion of Canada）誕生了。加拿大將這一天定為建國紀念日，屬於一個國定假日。同一天直到一九八二年十月為止被稱為「自治領日」，此後被稱作「加拿大日」，如今仍會在各地舉行升國旗的慶祝活動。

此外，在加拿大為了向決定成立自治領地的維多利亞女王表示深深的敬意，將她五月二十四日生日的前一個星期一也定為國定假日。這就是在加拿大殖民地慶祝的「維多利亞日」。維多利亞日對加拿大人民來說，也變成是一個夏季開始的季節轉折點，就和加拿大日一樣，全國各地都會舉行慶祝活動。然而，在魁北克省名為「Journée nationale des Patriotes」（英語稱作〔National Patriots' Day〕，意指「愛國者日」）的這一天，則是成為歌頌魁北克省英雄的日子。

在英國，英格蘭國王也兼任蘇格蘭王國及愛爾蘭王國的君主，因此一直代表加拿大聯合省的麥克唐納，也以同樣的方式提出了「加拿大王國」（Kingdom of Canada）的名稱。但是，如此一來就會給人一種與英國處於同等地位國家的印象，所以英國方面面有難色。於是新不倫瑞克的代表倫納德・蒂利（Leonard Tilley）提議使用「dominion」（自治領地）一詞作為替代方案，意思是《舊約聖經》詩篇中提到的「國王的統治和領土」。此後，在英國授予自治權的其他地區，也開始使用「自治領地」一詞。然而，自一九四九年自治領地被撤銷以來，國家名稱就是「加拿大」。

英國在後來就如同加拿大自治領一樣，承認白人移民占多數的殖民地擁有自治權，例如澳大利亞及紐西蘭等等。另一方面，在白人移民僅占少數的亞洲及非洲的殖民地，並不輕易允許他們自治。

將美國當作教訓的政治體制

隨著《英屬北美法令》的立法，加拿大自治領獲得了自治權，也就是由自治領地的人民獲得處理內政的權利，但是外交權還有修改和廢除憲法的權利，則由英國繼續保留。國家元首仍然是英國國王，作為其代理人的總督將會赴加拿大自治領任職，可說是類似名譽職的地位。總督的任期並沒有明文規定，大約為三至六年。包括在自治領地成立之前，早期的總督主要是由英國派遣而來具影響力的貴族政治家擔任，但是隨著時間的推移，開始由出生在加拿大自治領的人物擔任

加拿大的政治體制（現行制度）

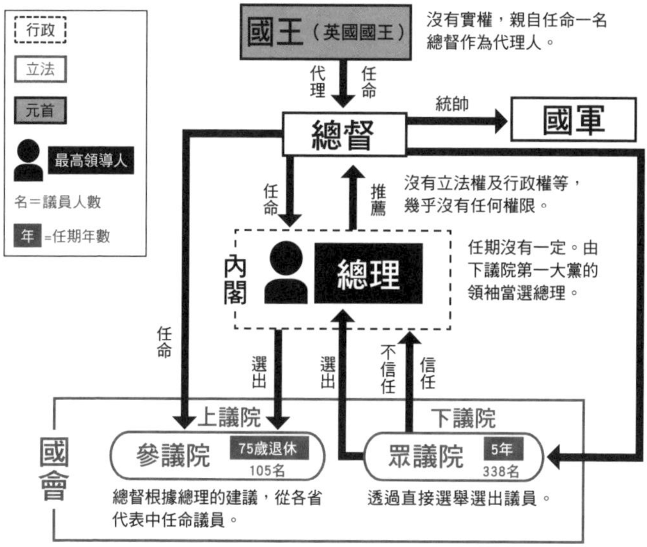

總督。

實際上在國王和總督底下擔任政府首腦的是內閣的總理，與英國一樣屬於內閣制，由在議會下議院中占多數的政黨組閣。說個提外話，美國是由人民分別選出國會議員與政府首腦的總統，雖然是和加拿大相鄰的國家，但是政府的架構卻截然不同。國會仿照英國為兩院制。由總督根據總理推薦後任命的議員所組成的上議院（參議院），與由人民選舉後選出議員的下議院（眾議院）所組成，反映人民意見的下議院被賦予了更大的權力。

順帶一提，於一八六六年竣工的國會議事堂（一八一六年燒毀，並於一九二七年重建）位在面向渥太華河的一座丘陵上，從中央大樓正面看過去，參議院的主會議廳位於右側，而眾議院的主會議廳則位在左側。這棟建築物因其擁有高約九十二公尺的中央塔，所以被統稱為「中心大樓」，會議廳、圖書館、觀景台等設施皆對外開放，國內外的觀光客都會造訪。

後來在自治領地成立之際，加拿大聯合省再次被分割成西部英裔居民占多數的安大略省，和東部擁有大量法裔居民的魁北克省。

各省都設有自己的省議會，由省長擔作首長。然而，渥太華聯邦政府對各地區擁有很大的權限，聯邦政府有權否決各省議會所制定的法律。英國和加拿大自治領的領導人，將美國允許各州一定程度的獨立性導致南北戰爭爆發一事當作教訓，才會採取中央集權的制度。儘管如此，由於各省的民族組成、產業結構等完

加拿大自治領成立時的北美洲

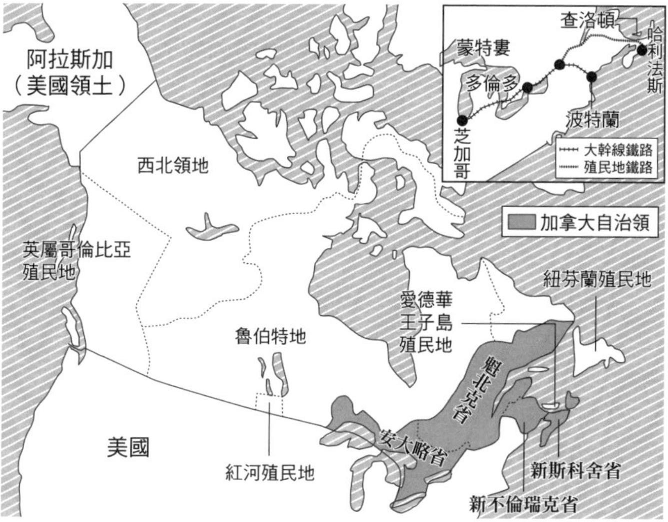

全不同，所以聯邦政府與各省經常發生衝突，如何避免對立成為重要的政治課題。

這時候，經濟方面也出現了動靜。在英屬北美，除了加拿大元之外各地區都發行了貨幣，但是最後在一八七一年將貨幣統一為加拿大元（C$）。

耐人尋味的加拿大偉人④

創建世界標準時間的工程師

史丹佛・佛萊明

Sandford Fleming

（1827～1915）

歷經技師後成為學術機構首長

19世紀隨著世界交通網絡發達後，距離遙遠的兩地必須讓時間正確同步，後來在1884年以英國的格林威治為基準點制定了世界標準時間。佛萊明就是做出這項決定的人。

他出生於英國的蘇格蘭，年輕時成為測量技師後移居加拿大，受雇於大幹線鐵路。1871年他成為加拿大太平洋鐵路的主任技師，親自進行周詳的實地調查後確定了橫貫大陸鐵路的主要路線。

1880年他離開加拿大太平洋鐵路後，主張鋪設連接英國、加拿大、澳洲等地的全球電報網，並召開國際子午線會議確立世界標準時間。他曾經擔任學術研究機關加拿大皇家學會會長、安大略省皇后大學校長，後來在新斯科舍省的哈利法克斯去世。

chapter 5

成為自治領地的歷程

領土一口氣擴張

加拿大自治領（以下稱作加拿大）成立後，保守黨經由選舉登上政權寶座，麥克唐納作為上加拿大總理主導了聯邦的組建，成為首任總理。自此以後，直到麥克唐納在一八九一年六月去世為止，其間有幾年下台，擔任總理共十九年時間。在加拿大政壇還有其他幾位具影響力的政治家名叫麥克唐納，但是第一任總理麥克唐納擁有英國國王授予他的「從男爵」（Sir）頭銜，所以也被稱為「麥克唐納爵士」（Sir John）。

麥克唐納為了避免與政敵發生衝突，所以會謹慎的做出決定，經常推遲解決問題，因此他被人取了一個綽號叫作「Old Tomorrow」。或許是因為加拿大政壇一直存在英裔議員與法裔議員的衝突、各省的利益衝突、外交上在英美之間左右為難等問題，此後也像麥克唐納一樣無法當機立斷，採取謹慎談判的政策。

雖說自治領地終於成立了，但是各地區的產業結構及文化差異很大，聯邦與地方政府之間的利益衝突不斷。當新斯科舍省也想迅速脫離聯邦的動作加快時，麥克唐納透過承諾經濟援助，設法將新斯科舍省留在聯邦中。

在早期加拿大的聯邦擴張政策，都是照著麥克唐納的意向進行。麥克唐納與加拿大的產業界，尤其是鐵路公司有著密切的關係。因此，他的目標是將尚未在聯邦政府統治下的太平洋沿岸英屬哥倫比亞殖民地併入自治領地，並完成橫貫大陸鐵路。此時第一步要做的，就是著手交涉購買由哈德遜灣公司管理的魯伯特地（參照第八十七頁）。

這片魯伯特地的面積，大約是以前加拿大聯合省為中心的加拿大自治領的八倍大。在交涉過程中，哈德遜灣公司以一八六七年美國用七二〇萬美元從俄羅斯買下阿拉斯加為例，態度強硬地表示魯伯

19世紀後半期的北美洲

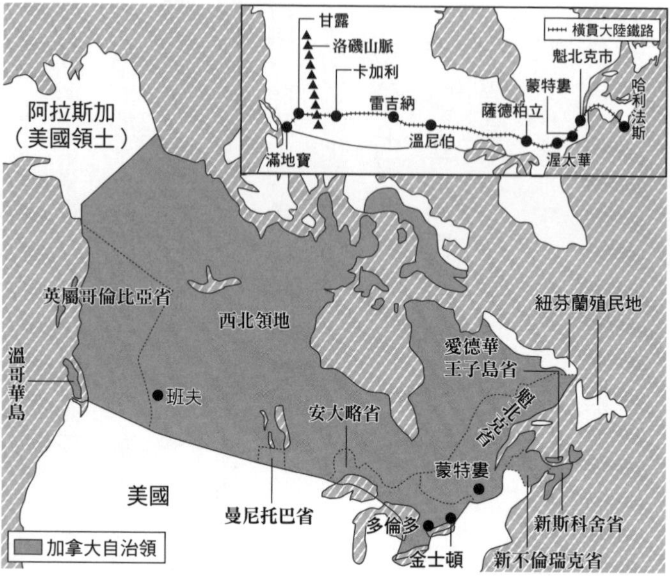

特地擁有超過四〇〇〇萬美元的價值。順帶一提，在十九世紀中葉的美國，雖然依地區而異，不過工人階級的日薪在一至二美元左右。

加拿大自治領政府在交涉的最後，也得到了英國的居中調解，於一八六八年七月和哈德遜灣公司達成協議。其條件是將大約一五〇萬美元（約三〇萬英鎊）的補償金，以及在魯伯特地上最適合農業的二十五萬英畝

（約一〇一二平方公里）土地轉讓給哈德遜灣公司。如此一來，魯伯特地就被併入聯邦成為「西北領地」。所謂的領地，就是自治權比其他省分還少，而聯邦政府可以在行政和立法上大幅干預的行政區域。此外，哈德遜灣公司後來除了繼續貿易事業之外，還涉足餐飲業及不動產業，如今在加拿大各地發展的百貨公司等地方都留有其名。

「郵票大小」的小省

魯伯特地的原住民，以及歐洲人和原住民的混血兒梅蒂人，與哈德遜灣公司大致上已經建立起友好關係。然而，加拿大自治領政府在併入魯伯特地時，並沒有與他們商量任何事情。此後麥克唐納政府也對原住民採取歧視性的政策，例如將原住民從土生土長的土地趕到政府指定的居留地。

一八六九年十月，居住在魯伯特地內紅河殖民地的梅蒂人擊退了自治領政府的測量隊，並展開抗議活動。梅蒂人的領袖路易・里爾（Louis Riel），是一位畢業於魁北克省城市蒙特婁神學院，後來在律師事務所工作過的人物。以里爾為首的臨時政府成立之後，梅蒂人向自治領政府強烈呼籲應維持他們的權利與居住地。這就是所謂的紅河叛亂。再加上里爾是一名具有法國血統的天主教徒，因此支持叛亂的運動也在魁北克省的法裔居民間蔓延開來。

自治領政府一面避免武力衝突，一面與紅河臨時政府進行談判。最終同意將紅河殖民地併入聯邦成為「曼尼托巴省」，保障居民的財產及權利，並允許和魁北克省一樣享有天主教信仰。曼尼托巴省於一八七〇年七月成立，但是當時該省的範圍比現在的曼尼托巴省還要小很多（一九一二年吸收西北領地的部分地區後使該省範圍擴大），當時被人嘲諷為「只有郵票大小」。

談判進行期間，發生了一起安大略省的激進英裔居民組織，即所謂的加拿大黨襲擊紅河臨時政府的事件。

紅河的居民當中，除了法裔之外還有大量英裔與原住民的混血兒，但是加拿大黨卻一直敵視里爾等人。後來里爾的部下捕獲加拿大黨的成員，將其中一人處死了。這件事導致在安大略省的英裔居民之間，入侵紅河的呼聲愈發高漲。

麥克唐納在這些動向的壓力下，於一八七〇年八月派鎮壓部隊前進紅河。里爾逃往美國，紅河遭到政府占領。不過，曼尼托巴省在一個月前成立，可說梅蒂人的要求已經實現。話雖如此這只是暫時的，隨著來自東部的移居者增加，他們將會無處容身。

此後原住民梅蒂人依舊與自治領政府經常發生衝突。此外，中西部還存在一些包括盜獵者在內的非法團體。為了維持這些邊疆地區的治安，一八七三年在西北領地創設了西北騎警（NWMP）。這是一個以紅色制服作為標誌，比照軍隊的組織，後來擴展至全國規模，並於一九二〇年改稱為加拿大皇家騎警（RCMP）。

接手負債以擴大領土

在面向太平洋的英屬哥倫比亞殖民地，於一八五〇年代發現金礦後引發了淘金潮，人口急速增加。然而，開採金礦帶來的好景氣很快便結束了，突然轉變成持續的敗政赤字，此時在英國的干預下，於一八六六年與同一地區相鄰的溫哥華島殖民地（於一八四九年成立）合而為一。

儘管如此麥克唐納還是強力推動，要飽受債務（借款）所苦的英屬哥倫比亞殖民地政府加入聯邦，其條件就是接手負債，以及承諾早日開通橫貫大陸鐵路。因此，英屬哥倫比亞殖民地於一八七一年七月納入加拿大自治領，「英屬哥倫比亞省」就此成立。

同樣未加入聯邦的愛德華王子島，也一直背負著巨額債務。原因是為了讓所有島民更方便而增加了鐵路支線，結果以三英里（約四點八公里）為間隔設置一個車站，導致建設成本增加。

麥克唐納認為，為了防禦毗連的美國，以及確保大西洋沿岸的漁業利益，必須將愛德華王子島併入聯邦。因此，在接手債務之外還提出條件，包括行駛定期航班連結加拿大本土與愛德華王子島，並將小小的愛德華王子島與安大略省及魁北克省視為相同等級的省分。愛德華王子島殖民地政府接受了這些條件，於一八七三年七月成立了「愛德華王子島省」(Prince Edward Island)。

在加拿大自治領成立後的幾年內，英屬北美的大部分地區都被併入了聯邦。而未併入聯邦的紐芬蘭，於一九一八年成為另一個自治領，並不屬於加拿大。

美英談判桌

在加拿大自治領成立的同一年，美國於一八六七年獲得了阿拉斯加（參照第六十五頁）。氣勢如虹的美國，重新提出想要加拿大也納入美國的意見。其背後原因，還包括了英國企業在南北戰爭期間違反中立義務將軍艦賣給南軍，讓美國對此事感到憤怒（參照第九十七頁）。美國國會及政府不僅誇大了阿拉巴馬號等英國製軍艦對北軍造成的損害，而且向英國要求合併加拿大以換取支付賠償金的呼聲日益高漲。

加拿大和美國之間還存在另一個問題，就是在大西洋沿岸的加拿大近海漁業權。一八六六年《美加互惠通商條約》失效後，加拿大的海岸巡防隊毫不留情地捕捉了在加拿大近海作業的非法美國漁船（在條約中曾允許彼此在北緯三十六度以北領海內的漁業權）。麥克唐納想用這個問題作為談判籌碼讓《美加互惠通商條約》重新生效，使加拿大的經濟受益。

恰好在一八六六年，提倡愛爾蘭獨立的芬尼亞兄弟會襲擊了英屬北美沿岸，由於這個芬尼亞兄弟會的部隊在美國境內一直設有據點，所以加拿大政府追究了美國的責任。

英國與美國之間，針對阿拉巴馬號相關問題（《阿拉巴馬號仲裁案》）和漁業權的問題，於一八七一年二月至五月進行談判。

加拿大並沒有外交權利，不過後來麥克唐納以英方成員的身分得到允許而能參與談判。討論的結果，兩國達成協議（《華盛頓條約》），《阿拉巴馬號仲裁案》被提交給瑞士的國際仲裁庭，於隔年九月做出違反中立義務的判決，因此決定由英國支付賠償金。

麥克唐納期待的《美加互惠通商條約》重新生效，後來在談判過程中並沒有實現。針對遭受芬尼亞兄弟會的損害，由於美國希望避免與愛爾蘭裔居民發生摩擦，於是從談判議題中遭到刪除。取而代之的是，要求英國接手這次損害的賠償，而麥克唐納接受了這點。

最終，簽署《華盛頓條約》並沒有讓加拿大直接受益。話雖如此，麥克唐納能夠參與談判，也可說是美國政府承認了加拿大自治領這個國家。此後加拿大自治領雖然還是沒有自己的外交權，但是後來在英國本土設置了總代表，作為類似駐外大使的職位。關於條約方面的談判，應該可說是向世界展示加拿大存在感的第一步。隨後，與美國關係改善的英國撤出了留駐在加拿大的陸軍部隊，因此加拿大被迫必須自行提升防禦能力。

因提供資金而政權輪替

由麥克唐納政府委託的橫貫大陸鐵路建設工程，就是在一八七二年創立的加拿大太平洋鐵路。手握該公司經營權的負責人休・艾倫（Hugh Allan）是一名大富豪，他將據點設在蒙特婁從事海運賺取了龐大利潤，後來在美國投資家的協助下涉足鐵路事業。

艾倫為了讓建設工程順利進行，祕密地向麥克唐納所屬的保守黨提供超過三十萬元的競選資金。這件事在一八七三年七月的報紙上被揭露後，除了在野黨之外，就連人民也認為這是對保守黨的賄賂，政局陷入一片混亂（太平洋醜聞）。

同年十一月，麥克唐納內閣被迫總辭，由自由黨的亞歷山大・麥肯齊（Alexander Mackenzie）接任新總理一職。在隔年一月的選舉中，由自由黨獲勝。來自蘇格蘭的麥肯齊在移居加拿大後，曾經擔任過建

當時的日本

主張與朝鮮王朝建立邦交的西鄉隆盛及板垣退助派系，和認為應以內政為優先的大久保利通派系之間相持不下。結果西鄉及板垣等5名參議於1873年離開了政權核心。這便是明治六年政變。

築承包商，接著才改變身分成為安大略省選出的議員。在麥肯齊政府的領導下，除了原住民之外，大多數的加拿大男性都得到聯邦議會的選舉權。國家機構也進一步完善，一八七五年根據《英屬北美法令》設立加拿大最高法院。隔年在安大略省東南部城市金士頓，開設了培育加拿大軍官的皇家軍事學院。

一八七六年四月《印地安法令》立法，整理出過去與原住民有關的各種法律。確認了原住民的定義，還有與白人移民結婚的原住民及其子女的待遇，並保障原住民在一定的條件下保有土地，此外還明文規定當原住民與白人移民之間發生衝突時法律上的應對措施，例如禁止白人移民未經許可闖入原住民的居留地等等。在經濟政策方面，政府並沒有直接支援工商業者及農民，而是沿著當時英國在擴大海外市場的同時所推動的自由貿易政策，試圖促使國內產業自發性成長。然而，一八七三年奧匈帝國維也納證券交易所的股價暴跌，導致歐洲陷入大蕭條，加拿大也受此影響使得經濟停滯不前。

培育國內產業

麥克唐納率領的保守黨試圖奪取政權，提出了一項名為「加拿大國家方針」的政策提案。這是透過提高外國產品的關稅來保護國內產業的政策。這項政策受到人民廣泛支持，保守黨在一八七八年九月的大選中獲勝，麥克唐納重新掌權。

當保守黨政府一通過加拿大國家方針後，關稅稅率便從先前的平均百分之十七點五大幅提高至百分之二十五。稅率提高特別多的，就是包含衣服及農業機械在內的工業產品。由於過去在南北戰爭時期（一八六一至一八六五年）從美國的進口減少了，所以加拿大國內的製造業為了填補這個缺口而發展起來。因為要繼續維持加拿大在這段期間所提升的工業實力與工商業者的利潤，於是這次採取的政策才會使美國的工業產品難以進入加拿大。

隨著加拿大國家方針讓包括棉紡製品及羊毛製品在內的紡織業大幅成長，提高的關稅也連帶造成國家收入增加了。另一方面，由於不再進口美國製造的廉價工業產品，因而導致物價上漲。此外，西部的工業生產力不如東部，物流網路也不太發達，後來有不少居民都飽受缺乏生活用品之苦。

針對這種情況，美國企業並沒有向加拿大出口商品，而是開始在加拿大建設工廠，另外投資加拿大企業的例子也是與日俱增。結果，美國對於日後的加拿大經濟留下了強大的影響力。

苦難不斷的鐵路建設

當加拿大國家方針讓國內財政創造餘裕時，麥克唐納再次展開橫貫大陸鐵路的建設。一八八〇年，加拿大太平洋鐵路重組，當時以美國中西部為據點，連接加拿大曼尼托巴省等地的北太平洋鐵路（Northern Pacific Railway）管理者詹姆斯・希爾（James Hill）、蒙特婁銀行行長喬治・史蒂芬（George Stephen）、哈德遜灣公司主管唐納德・史密斯（Donald Smith）等人，出任經營管理主管的職務。此外，希爾後來離開了加拿大太平洋鐵路，在美國著手擴展大北方鐵路

（Great Northern Railway）的事業後取得巨大成功。

這條鐵路是一條沿著加拿大邊界運行的橫貫大陸鐵路，成為加拿大太平洋鐵路的強力競爭對手。

橫貫大陸鐵路的建設工作，是組成聯邦以來的國家級目標，要讓加拿大從大西洋沿岸到太平洋沿岸一體化。正因為如此政府與成為事業主體的公司須緊密連結，政府為加拿大太平洋鐵路籌措了二五〇〇萬元的補助金，同時也賦予預計開發的中西部大草原（prairie）二五〇〇萬英畝（約一〇萬一一七一平方公里）土地的所有權，以及在十年內不讓其他鐵路公司鋪設競爭路線等等的專有權。

新就任的管理團隊，聘請了精通美國鐵路管理而享有「鐵路皇帝」之名的威廉・范・霍恩（William Van Horne），讓他規劃與指揮鐵路的鋪設。工程從加拿大的大西洋一側與太平洋一側同時進行。在中西部大草原的工程十分順利，但是在險峻的洛磯山脈挖掘隧道時，陸續有施工人員被壓在土石底下。大約在這個時候連接北美洲和亞洲的太平洋航線已經發展起來，所以在太平洋一側的工程中投入了大量來自中國清朝的工人，但是對於亞洲人還是存有歧視意識，薪水等工作條件很差。

加拿大的國土東西綿延五五五〇公里，不僅河流及湖泊眾多，而且洛磯山脈高度超過三〇〇〇公尺的高山連綿不絕。光是這些原因就讓工程超出預期地困難，後來加拿大太平洋鐵路多次向政府要求追加資金。然而，政府卻不肯出資。儘管如此加拿大太平洋鐵路還是差一點就能讓全線開通，只不過最終還是被逼到破產的邊緣。在這段期間西北領地發生了一起重大事件。

反叛者回來了

當時，有一個梅蒂人的部落建在西北領地的巴托奇（現在的薩斯喀徹溫省中部）。居民的生活環境困苦，他們向一八六九年紅河叛亂後逃往美國的路易・里爾（參照第一〇九頁）尋求幫助。後來里爾成為抗議政府運動的領導人，於一八八五年三月宣布成立巴托奇臨時政府，由資深獵人並在原住民間的戰鬥中擁有豐富經驗的加布里埃爾・杜蒙（Gabriel Dumont）擔任總司令。於是西北叛亂就此展開。

叛亂的背後原因究竟是什麼呢？當時，隨著西部開發與橫貫大陸鐵路建設的推進下，許多原住民和梅蒂人的生活場所遭到了掠奪。這件事對於橫跨加拿大和美國中西部，以狩獵為生過著游牧生活的部落來說，是一個嚴重的問題。對他們而言野牛不僅是食物來源，牠們的毛皮、骨頭、油脂也是用來製作衣物及日用品原料的重要資源，但是美國的開發者卻為了從原住民手中搶奪土地，於是有目的地大量屠殺野牛。

這種影響蔓延到整個北美，包括加拿大在內，曾經以狩獵為生的原住民無可奈何而成為定居的農民。雖然加拿大政府在根據《印地安法令》的某些條件下，允許原住民及梅蒂人保有土地，但是實際上卻遲遲沒有進一步提供土地。

里爾對於這種情況感到勃然大怒。然而，與一八六九年紅河叛亂（參照第一〇九頁）不同的是，並沒有得到廣泛支持。因為許多原住民與梅蒂人認為，與其加入叛亂，倒不如服從政府才為上策。而且，里爾在上次的叛亂之後，變得更加專注於信仰而自行比作先知，被加拿大境內的天主教會相關人員視為異端，這點也導致了他不被人支持。

最終，這場叛亂在加拿大政府迅速派出八千人的部隊後，很快就遭到鎮壓。里爾投降，並於一八八五年十一月遭到處決。杜蒙則是逃往美國，後來得到原諒而返回加拿大。此後，多年來里爾皆被人譴責為反叛者。但是自一九六〇年代以後，隨著承認原住民權利的運動蔓延開來，他開始被人重新評價。二〇〇八年，曼尼托巴省認同里爾為建省創造機會的功勞，將二月的第三個星期一定為「里爾紀念日」。

話說回來，加拿大政府為什麼能夠迅速派遣大量部隊呢？事實上，就是利用了只完工到一半的橫貫大陸鐵路。趁著這次平息叛亂的機會，政府便投入額外資金到過去一直不肯出資的加拿大太平洋鐵路上。

國土東西相連

沒想到，西北叛亂竟是讓橫貫大陸鐵路完成的最後一股推力。叛亂結束後的一八八五年十一月七日，由身為加拿大太平洋鐵路管理代表的唐納德・史密斯，親自打入最後一顆表道釘（一種專門用來固定軌道與枕木的釘子），鐵路全線完工。經過進一步細微調整與維修後，首趟旅客列車於隔年六月開始營運。

隨著橫貫大陸鐵路的開通，不管是人員及商品的運輸，或是傳送訊息，都能到達國土東西的每個角落，以聯邦政府為核

心的自治領地愈來愈有一體化的感覺。由於移民也湧入到原本人口稀疏的中西部大草原，使得開發速度加快，農業地區擴大。這樣生產出來的大量小麥，除了被送往安大略省的省會多倫多以及魁北克省蒙特婁等東部的大城市外，也開始出口至海外。

此外，在洛磯山脈的鋪設工程期間，在現今艾伯塔省南部班夫以西發現了路易斯湖，被稱為「誕生於冰川之中如同寶石一般的湖泊」。這一帶由於加拿大太平洋鐵路而變成廣為人知的觀光地區，成為加拿大第一座國家公園。包含這個班夫國家公園在內，附近（位於艾伯塔省與英屬哥倫比亞省）的七座自然公園，在一九八四年被聯合國教科文組織以「加拿大洛磯山公園群」登錄為世界自然遺產。然而，關於橫貫大陸鐵路相關的問題仍持續浮上檯面。加拿大太平洋鐵路從政府優先取得了沿線廣闊土地的使用權，因此將原住民及開發者從這個地區趕了出去。此外，他們為了回收巨額的鋪設成本，將貨物運送費用設得很高。這種情形直到二十世紀中葉為止，一直讓買賣東部城市工業製成品，以及西部開發地生產的小麥等貨品的人感到困擾。

第一位法裔總理

樹立長期政權的麥克唐納於一八九一年六月任職期間去世，享年七十六歲。由於他生前的各種功績，所以後來加拿大元的十元紙鈔上採用了麥克唐納的肖像。渥太華國際機場的正式名稱為「渥太華麥克唐納－卡蒂埃國際機場」，與麥克唐納聯名的喬治－艾天・卡蒂埃，則是和麥克唐納一樣與加拿大自治領的成立有著密切關係。

麥克唐納去世後，保守黨沒有具影響力的繼任者，隨後的內閣任期短暫。而且，一八九〇年三月在曼尼托巴省爆發學校教育中的宗教問題，黨內意見無法達成共識，最後陷入一片混亂。這次曼尼托巴省的問題如下所述。一八七〇年曼尼托巴省成立之際（參照第一一〇頁），英裔居民和信仰天主教的法裔居民受到平等對待。但是在這之後，隨著英裔居民大幅增加，曼尼托巴省政府宣布停止補助天主教學校，並將公立學校與宗教分離開來，法裔居民對此強烈反對。隨著兩方的相持不下，再加上有人提出聯邦政府是否應該介入曼尼托巴省政府的政策，所以才會引發更大的爭論。

針對這個問題，率領自由黨的威爾弗里德・洛里埃（Wilfrid Laurier）並沒有表示明確的解決對策，但是他強烈批評聯邦政府的干預。在批判政府的聲浪高漲期間，自由黨於一八九六年六月舉行的大選中獲勝，洛里埃就任總理。洛里埃是出生於加拿大聯合省的東加拿大，由魁北克省選出的議員，為加拿大有史以來第一位法裔總理。他不僅代言法裔人民的損益，主張英裔居民與法裔居民應共同合作發展加拿大，並明言未來應以解除英國的殖民統治，也就是讓加拿大完全獨立為目標。因此，他也被稱作「最初的加拿大人」。只不過，他的政治手段並不是強制性的，而是透過謹慎的談判，讓國內英裔居民與法裔居民的衝突、聯邦政府與各省的衝突，以及英國與美國的外交問題找到一個妥協點。

關於成為政界爭論點的曼尼托巴省學校教育問題，洛里埃採取妥協方案，儘管停止補助天主教學校，但是允許公立學校在下課後實行天主教教育，以考慮到法裔居民的方式將問題解決了。

在英國和美國之間冒險

從十九世紀末到二十世紀初，帝國主義迎來了全盛時期。英國與不斷擴張海外領土的法國、德國、俄羅斯相互競爭，一個接著一個在東南亞、中東、非洲等地建立了殖民地。

另外在美國方面，自一八二〇年代開始採取所謂的門羅主義政策，不介入美洲以外的問題，因此和歐洲列強的一舉一動保持著距離。然而，到了一八八〇年代當美國境內的西部地區幾乎被開發殆盡時（邊境消失），美國也開始試圖將勢力擴展到海外。一八九八年美國吞併了太平洋上的夏威夷群島，同年與西班牙戰爭（美西戰爭）後，因此獲得了古巴和菲律賓的統治權。

洛里埃對美國的這種態度十分警戒，並摸索與英國建立更緊密關係的途徑。

一八八〇年代後半期以後，加拿大最大的貿易夥伴國並非英國，而是美國，本來洛里埃正在考慮與美國協議以降低相互的關稅稅率（互惠關稅）。然而，由於美國已經將關稅稅率提高，所以洛里埃改變政策，並於一八九八年和英國協定互惠關稅。這項政策不僅得到了國內英裔居民的支持，也受到英國政府的支持。

這段時期的加拿大，被積極擴張帝國的英國捲入戰爭。一八九九年，英裔殖民與荷裔殖民（波耳人）在南非發生衝突，並且引發了南非戰爭（波耳戰爭）。結果，英國的殖民地事務大臣約瑟夫・張伯倫（Joseph Chamberlain）考量英國可能出現缺兵的情況，而向加拿大及澳洲要求派兵。一直希望未來能完全獨立的洛里埃，儘管是來自英國的要求，他也不願意加入與自治領地毫無關係的戰爭。另一方面，加拿大國內對英國十分忠誠的英裔居民，卻強烈主張要參戰。

因此洛里埃決定只讓志願者去參戰，派兵條件則是戰爭費用要由英國負擔。直到一九〇二年戰爭結束為止，從澳洲和紐西蘭已經派出超過二萬名軍人，但是來自加拿大的軍人卻僅止於七三〇〇人。

同一時期，與美國之間的問題也浮上檯面。一八九六年，當加拿大西北領地與美國阿拉斯加州交界處的克朗代克河流域發現金礦時，美國人蜂擁而至掀起了淘金潮。因此加拿大政府為了避免該土地被美國吞併，於是在一八九八年將西北領地的部分地區分離，成立「育空地區」。只不過，美國與加拿大之間針對阿拉斯加往南到太平洋海岸狹長延伸部分的邊界有不同的解釋，後來便引發了爭議。

一九〇三年由英國與美國各派三名代表組成聯合委員會，開始進行協商。來自加拿大的二名代表以英方代表的身分出席了這個委員會，但是因為英國代表向美國做出讓步，後來用不利於加拿大的方式劃定了邊界。這起事件強化了加拿大應該獨自擁有外交權的想法。

移民的多元化與歧視

橫貫大陸鐵路開通後，加拿大政府為了推動中西部大草原的開發，而在歐洲國家積極進行招募移民的宣傳活動。加上加拿大太平洋鐵路沿線以外的中西部地區土地價格低廉，且美國的西部地區在一八八〇年代已經幾乎全部開發了，所以取而代之的是，移民到加拿大的人數急速增加，因為加拿大至今仍有廣大的未開發土地。後來在一八九六至一九一四年間，約有二五〇萬人湧入。

移民到加拿大最多的是亞裔人口，但是在這段時期也有來自波蘭、奧地利、匈牙利等東歐和中歐國家，以及義大利的南歐國家、挪威和瑞典等北歐國家的移民。在這當中，從俄羅斯帝國統治下的烏克蘭，還有數千名受到俄羅斯政府鎮壓的人移民過來。

在人口增加和種族多元化的影響下，在社會上產生各種摩擦。諸如非英語圈的白人，以及亞裔和從美國湧入的黑人等等，都被加拿大占多數的英裔白人所歧視。亞裔移民主要湧入的地方為英屬哥倫比亞省。來自中國清朝約二萬人中，有大多數人皆以微薄工資從事橫貫大陸鐵路的鋪設工程。即使在橫貫大陸鐵路竣工後，移民仍從經濟停滯、政局陷入不穩定的清朝不斷湧入。結果，很早以前就生活在英屬哥倫比亞省的白人，十分警戒工作會被薪資低廉的中國移民搶走。此外，在白人眼中看來，中國移民的外表及生活習慣相當怪異，導致對亞裔移民的歧視意識蔓延開來。

加拿大國會認為應該限制持續增加的中國移民進入加拿大，於一八八五年通過《中國移民法》後，向每人徵收五〇元的人頭稅。這個金額會分階段調漲，於一九〇三年變成五〇〇元。隨後在一九二三年通過《排斥中國人法》時，直到這項法案於一九四七年廢止為止，原則上都禁止中國人進入加拿大。

日裔移民的開始

日本與加拿大的關係始於江戶幕府末年。一八四八年，父親是英國人而母親是原住民的哈德遜灣公司員工雷納德・麥克唐納（Ranald MacDonald），成為第一個踏上日本土地的加拿大人。只不過，他是未經正式手續假裝漂流者後進入日本的。因此，當他入侵蝦夷地（現在的北海道）時，遭到幕府官員逮捕。隨後，麥克唐納在長崎出島接受審問後被送回加拿大。

直到麥克唐納回國之前的這段時間，他為幕府的口譯員（翻譯）森山榮之助教授英語。當時的日本除了鄰近的東亞國家之外，僅與荷蘭有邦交，翻譯人員只懂得中文、韓文和荷蘭文。當美國東印度分艦隊司令長官培里（Perry）於一八五三年來到日本談判條約時，森山便以口譯員的身分同席，善用了他的英語能力。

另一方面，第一個來到加拿大的日本人則是來自長崎縣的永野萬藏。他在一八七七年抵達加拿大後，在日本和加拿大之間的貿易事業做得十分成功。日後為了紀念他的功績，英屬哥倫比亞省奧維基諾湖附近的一座山便被命名為「永野萬藏山」。繼永野之後，自明治時代中期日本移民開始增加。

一八八九年在英屬哥倫比亞省溫哥華開設了日本領事館，一八九五年連接橫濱和溫哥華的定期船開始航行時，從隔年到一九〇〇年為止，約有一萬三〇〇〇名日本人渡海前往加拿大。來自日本的移民會增加，其背後原因是加拿大排斥中國移民。而且隨著一九〇二年英日同盟成立後，日本與英國及其自治領地的加拿大保持良好關係，一九〇六年加拿大也以加入《日英通商航海條約》的形式下簽署《日加通商條約》之後，日本與加拿大的貿易便逐漸擴大。

然而，渡海來到加拿大的日裔移民由於生活習慣等方面的差異，無法融入白人社會而感到孤立，再加上工資低廉，於是被白人工人以工作被搶走為由而受到排斥。此外日裔移民也和中國移民一樣受到歧視性待遇，例如無法得到選舉權等等。除此之外，一九〇五年日本在日俄戰爭中獲勝後，歐美警戒黃種人勢力擴大的意見（黃禍論）便蔓延開來。

一九〇七年，終於在溫哥華發生了一起白人群體襲擊日裔和中國移民的事件（溫哥華暴動）。趁著這起事件的機會，加拿大政府向日本政府強烈要求要限制移民，並於隔年簽署《勒米厄協議》，限制來自日本的移民每年最多四〇〇人。

加拿大對亞裔移民的待遇，與同樣屬於英國領土的印度人並沒有什麼不同。一九一四年五月搭乘日本貨客船「駒形丸號」渡海前往加拿大的三七六名印度人，被人以違反加拿大政府制定的航線規定為理由而不准登陸，遭扣留在溫哥華港長達二個月後，被迫返回了印度。像這種種族和民族的歧視政策，一直持續到一九六〇年代。

各地區產業蓬勃發展

隨著移民人口的增加，中西部各省發生了巨大變化。西北領地的行政機構經過調整，於一九〇五年九月分離並成立了「薩斯喀徹溫省」與「艾伯塔省」。從地圖上即可一目了然，因為這些省分都是基於經緯線以直線加以區分開來。

中西部的氣候嚴酷，例如艾伯塔省的省會愛德蒙頓，盛夏最高氣溫約三十五度，隆冬最低溫度甚至低至負四十度。儘管如此，透過新的開發農民努力之下，以及改良小麥品種、引進曳引機等農業機械後，中西部脫胎換骨成糧倉。加拿大的小麥生產量在一九〇一至一九一四年間成長約四點五倍，出口量也達到七倍。其中最大的出口目的地為英國。

東部各州採礦業蓬勃發展。安大略省盛行鐵礦石開採與加工，善用豐沛的河川與湖泊進行水力發電為工廠提供了電力。此外，截至二〇二三年水力發電在加拿大的發電量所占比例上升至百分之六十左右（日本約百分之八）。在森林資源豐富的魁北克省則開始大量生產造紙原料的木漿，主要出口到美國。像這樣在新興的採礦業領域，來自美國的投資便取代英國不斷增加。

當時加拿大的產業，是由總部設在多倫多和蒙特婁的大企業，與被政府授予專利權的二十幾家特許銀行所主導。支持這項政策的工人要求改善待遇，成立工會後展開勞工運動，但是在二十世紀初當時規模仍然很小。

20世紀前半期的北美洲

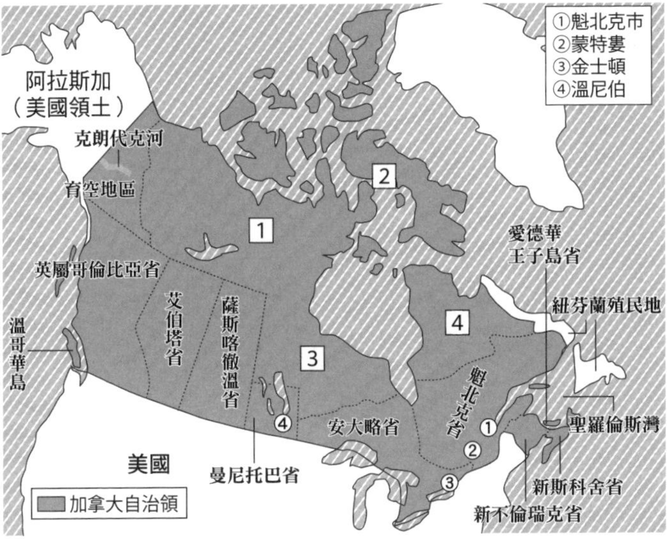

〈西北領地的變遷〉

1912年之前	1912年之後
1麥堅時管區	到1999年為止保持不變（接著為西北領地）
2富蘭克林管區	到1999年為止保持不變（接著為西北領地）
3基瓦丁管區	消失（分離，並併入曼尼托巴省和安大略省）
4昂加瓦管區	消失（分離，並併入魁北克省）

在一九一九年，第三條橫貫大陸鐵路的加拿大北方鐵路與大幹線鐵路等公司，將陷入經營困境的路線整合為一，開始由國營的加拿大國家鐵路管理。除此之外在一九七八年接管了加拿大太平洋鐵路的客

運部門（由加拿大維亞鐵路負責），不僅在一九九五年民營化，還在二〇〇〇年代收購了美國的鐵路，藉此將加拿大國家鐵路的鐵道網絡，從加拿大擴展到墨西哥灣。

加拿大文化的傳播

隨著經濟成長，流行文化也蓬勃發展。袋棍球是源自一種名為「Baggataway」的體育競賽，聖勞倫斯河流域的原住民過去都會使用棍棒和球來比賽，到了十九世紀末已經成為加拿大的國民運動。選手們會遠征歐洲進行公開比賽，作為招募移民到加拿大的宣傳活動之一。不久之後，袋棍球也傳播到美國及英國，在一九〇四年的聖路易斯奧運（美國）與一九〇八年的倫敦奧運（英國），二度被採用為奧運的比賽項目。

小時候從英國移民到加拿大，於安大略省長大的歐尼斯特・湯普森・西頓（Ernest Thompson Seton），在加拿大和美國以博物學家和野生動物畫家的身分發揮所長。在《西頓動物記》中，描繪了許多有關野生動物的故事，受到世界各地的人們廣泛閱讀。

來自安大略省的畫家湯姆・湯姆遜（Tom Thomson），因為描繪了加拿大自然景色的《湖泊、海岸、天空》、《北國》、《北美短葉松》等風景畫而備受矚目，可是他年紀輕輕便在湖邊意外身亡。

來自愛德華王子島的作家露西・莫德・蒙哥馬利（Lucy Maud Montgomery），是加拿大具代表性的作家之一。她於一九〇八年出版了《清秀佳人》（Anne of Green Gables），描寫少女安妮的成長過程，且大獲好評。包括日本在內已經翻譯成三十多種外語，並且至今仍被拍成電影、連續劇、舞台劇，故事的舞台愛德華王子島中部的卡文迪許，一直有來自世界各地

的觀光客造訪。日本北海道蘆別市於一九九三年與愛德華王子島省省會查洛頓結為友好城市關係，並在蘆別市內整建了觀光設施加拿大世界，重現《清秀佳人》的舞台。

為英國而設的海軍？

英國自一八八七年以來，一直在倫敦匯集世界各地的殖民地代表召開殖民地會議。一九〇七年更名為帝國會議，經過與會者協議，在加拿大及澳洲採取推動外交和軍事獨立的政策。因此，一九〇九年在加拿大政府內部設立了外交關係局。最初是從位於渥太華一家理髮店二樓的小辦公室開始，後來演變成外交部。

接著在一九一〇年，加拿大國會決定創設加拿大皇家海軍。時任總理的洛里埃認為一支以自衛為目的的小規模艦隊即可，但是英國卻期待可以派遣加拿大軍艦前往海外為英國作戰。在加拿大的英裔居民當中，還是有對英國十分忠誠的人，他們強烈主張應該建造最新式的大型戰艦再贈送給英國。法裔居民對此強烈反對，政府無法定出政策，軍艦的建造便遭到擱置。

在經濟方面，儘管與英國合作，但是未來加拿大還是以能夠獨立為目標。其中一項做法，就是一直在考慮應該與美國加深經濟上的關係，試圖降低和美國之間的關稅稅率。然而，加拿大正在急速成長的產業界為了保護國內產業，因此主張強化關稅。

儘管如此，一九一一年一月，洛里埃政府還是與美國簽訂了互惠性貿易協定，降低了彼此的關稅。可是並未獲得人民的支持，自由黨在同年九月大選中慘敗後洛里埃政府辭職，由奪回政權的保守黨撤銷了互惠性貿易協定。

儘管洛里埃夾在英國和美國，以及加拿大國內的英裔居民和法裔居民之間，但是他巧妙地在政治上取得平衡。

在二十一世紀初的階段，十五年來持續擔任總理的人就只有洛里埃。由於他的功勞，在五加拿大元的鈔票上採用了他的肖像，安大略省滑鐵盧大學則於一九七三年更名為威爾弗里德・洛里埃大學。

大戰中意想不到的犧牲

在二十世紀初的歐洲，於一八七一年成立的德意志帝國崛起成一個軍事強國，並威脅到英國。另外在巴爾幹半島，則是俄羅斯帝國和奧匈帝國（以下稱奧地利）一直相持不下。英國為了對抗德國，與法國、俄羅斯簽訂《三國協約》，德國則與奧地利和鄂圖曼帝國（土耳其）組成同盟國。一九一四年七月塞爾維亞王國以俄羅斯為後盾和奧地利開戰時，雙方的盟友陸續參戰，導致第一次世界大戰爆發。

就在英國參戰的同時，由它統治下的加拿大也自動參戰，同年十月加拿大軍隊便投入歐洲戰場。戰爭爆發後不久，在加拿大的輿論主要是英裔居民熱烈支持戰爭。執政的保守黨與在野的自由黨為了讓戰爭順利進行而結成合作關係，動員許多人民的士兵，也樂觀地認為戰爭很快就會結束並取得勝利。

沒想到戰事拖延，且機關槍、坦克車及飛機等新型武器投入後，也導致戰爭死亡人數增加。一九一五年四月，德國軍隊首次在比利時王國的城市伊珀爾使用毒氣，並造成約二〇〇〇名加拿大士兵死亡。一九一七年四月在法國北部的維米嶺戰役中，英國和法國軍隊在處於劣勢下，加拿大軍隊仍然攻下一個重要據點，但是有大約三六〇〇人犧牲了。此外，從戰爭一開始加拿大軍隊便一直在英國軍隊的指揮之下，可是隨著戰事拖延期間，他們開始想要擁有獨立的指揮權。

加拿大軍隊基本上是由志願兵所組成。可是隨著戰爭死亡人數的增加，開始討論導入徵兵制時，魁北克省的法裔居民對此強烈反對。法裔居民本來就在協助英國打仗一事上態度消極，雖說他們的祖先來自法國，但是移民加拿大已經過了好幾百年，他們對法國的同胞意識早已減弱了。在一九一七年十二月的選舉中，主張導入徵兵制的保守黨，與一部分贊成導入徵兵制的自由黨，在超過半數的省分都取得重大勝利。大多數魁北克省的居民投票給表明反對徵兵制的自由黨主流派，後來便加深了與其他地區的隔閡。

最終，在一九一八年四月開始導入徵兵制，投入新的加拿大士兵但為數不多。前一年，擁有豐富工業生產力和士兵的美國加入協約國後參戰，大戰從此展開，最後於一九一八年十一月十一日在協約國陣營獲勝下結束。

戰爭帶來的變化

第一次世界大戰當時加拿大人口約八〇〇萬人，大概有六十三萬人從軍，約有六萬人犧牲。換句話說，十三個人民當中就有一人前赴戰場，當中每十人就有一人戰死。在英國與加拿大等前英國領土的國家，將簽訂停戰協定的十一月十一日定為停戰日，稱作「國殤紀念日」，每年都會在這一天舉行陣亡者的追悼集會。

由於加拿大在整個戰爭中對英國做出貢獻，提升了加拿大在國際社會上的發言權。後來於一九一九年一月展開的巴黎和會中，在英國首相勞合・喬治（Lloyd George）的推動下，加拿大才能獨立於英國派出自己的代表。此外，加拿大也以單一國家的資格參加了隔年成立的國際聯盟，成為創始成員國。

日本也在國際聯盟中以常任理事國的身分列名，國際聯盟的副祕書長由日本人新渡戶稻造擔任六年時間。即使在卸任後，新渡戶仍盡力於環太平洋的發展，並於一九三三年的秋天（日本於同年春天退出國際聯盟）從加拿大班夫（參照第一二五頁）舉行的國際會議回程路上，在英屬哥倫比亞省會維多利亞客死他鄉。為了讚頌他的功績，由溫哥華的日裔移民主導下，在一九三五年於英屬哥倫比亞大學校園內建設了新渡戶紀念花園。

在戰爭期間，當許多男性被送往戰場時，女性便代替丈夫和父親外出工作，成為一家之主的例子愈來愈多，所以只限有從軍者家庭的女性才被賦予了選舉權。戰爭結束後的一九二〇年，在聯邦議會上男女都是二十一歲以上便享有選舉權，在一九二一年十二月的大選中，來自安大略省的安尼斯・麥克柴爾（Agnes Macphail）成為聯邦議會的第一位女性議員。

然而，這位麥克柴爾是下議院議員，當時並不允許女性成為上議院議員。為了改變這種情況，有五名女性挺身而出，公開呼籲在上議院也應任命女性議員。

她們的努力取得成果，在一九二九年，由當時加拿大最終審的英國樞密院司法委員會，批准女性被任命為上議院議員。這五位女性被稱作「女權五傑」（The Famous Five）備受讚揚，她們的銅像被設置在國會議事堂的場地內。

戰爭結束後的一九一七年，俄國斯帝國政府因為一場革命（二月革命）被推翻後，由工人階級代表組成的共產黨政權成立了蘇維埃社會主義共和國聯盟（以下稱作蘇聯）。受此影響下，世界各地的勞工運動十分活躍。在沒有成為戰場的加拿大，戰後由於歐洲出口量的擴大，工業生產大幅成長，工廠工人數量也隨之增加了。一九一九年五月在曼尼托巴省的省會溫尼伯，工人因戰後物價急速上漲而要求提高工資，爆發大規模罷工。同年，整個加拿大發生了三二〇起以上的罷工活動。

戰後的英國，由於在大戰中花費巨額的戰爭費用，且有大量人民喪生，導致國力衰落，在國際上的影響力也下滑了。與此同時，加拿大和美國在經濟上繼續發展出更緊密的關係。這在流行文化方面也發生了同樣的情況，一九二〇年代電影和廣播在美國普及之後，美國的音樂及影像作品隨即在加拿大開始流行起來。

加拿大也孕育出獨特的文化，文學及歷史研究等相關的出版品蓬勃發展。此外，在藝術界有羅倫・哈理斯（Lawren Harris）等七位畫家團體「七人畫派」，繼承了風景畫家湯姆・湯姆遜（參照第一三九頁）的畫風，以獨特的色彩描繪出加拿大自然風光的作品發表後，在國內外獲得了很高的評價。

與這些人交情深厚的畫家艾密利・卡爾（Emily Carr），她所發表的作品從英屬哥倫比亞省原住民的工藝中得到了啟發，因此圖騰柱（參照第二十一頁）在海外也開始廣為人知。

實質上的獨立

大戰結束後，保守黨政府因為無法改善物價上漲的問題而失去支持，自由黨在一九二一年十二月的大選中獲勝，由威廉・萊昂・麥肯齊・金（William Lyon Mackenzie King）就任總理。金曾是政府官員，在進入政壇之前是一名勞工部副部長，展現了高超的手腕。雖然他不擅長在眾人面前演講，但是他對重要的問題都採取向廣泛人民公開訊息並考量輿論的政策，善於和敵對的政治家靈活談判，只要在政策上有共同點就能拉攏對方，直到一九四〇年代為止一直長期領導加拿大政壇，並持續推動擴大自治權。順帶一提，金是一八三七年在上加拿大引發叛亂的領導人的孫子（參照第七十二頁）。

大約在這個時候，鄂圖曼帝國爆發了一場主張推翻帝國政府的革命（土耳其革命），後來在一九二二年九月，英國便要求加拿大派兵。金對此表示反對，聲稱必須得到國會批准。加拿大也在大戰中身負重傷，所以政治家和人民不管英國如何命令，都不想參與在遙遠海外的戰爭。結果，在加拿大沒有派兵的情況下，英法軍隊便撤軍了。

一九二六年六月，金政府因為醜聞被迫在國會中提出內閣不信任案，因此向時任總督的拜恩（Byng）提出解散國會卻遭到拒絕，理由是距離上次大選才過了不久。雖然解散國會屬於總督的權力範圍，但是在十九世紀加拿大導入責任政府（參照第七十三頁）以來，還沒有先例這樣做過。

遭到總督拒絕的金內閣集體請辭，而且他們主張總督的態度是試圖讓加拿大這個自治領地回到英國直接統治的時代，以此博取人民支持，並且在大選中獲勝並重新掌權。

同一時期，與加拿大一樣受英國統治的南非，以及英國的構成國愛爾蘭（愛爾蘭自由邦）也要求擴大自治權。英國無法忽視這些聲音，在一九二六年十月於倫敦召開的帝國會議上，英國前首相也是樞密院議長的貝爾福（Balfour），與包括金在內的各自治領地代表協商，發表《貝爾福宣言》，做出「自治領地與祖國平等，通過對英國國王的忠誠而連結在一起」的定義。

加拿大根據這個《貝爾福宣言》的政策獲得了自己的外交權，此後，與美國、法國以及日本也展開了獨自的外交關係。為什麼會和日本建交，是因為日方提出建交的要求，而且日本是亞洲強國，可以期待它成為新的貿易夥伴，此外也存在一些與移民有關的問題。一九二八年日本在渥太華設立公使館，隔年加拿大則在東京設立了公使館。

另外，一九三一年十二月在英國國會通過了《西敏法規》。這反映出《貝爾福宣言》的內容，不僅加拿大和澳洲等自治領地與英國是同等地位，而且認定為以英國國王為領袖的國際組織（the British Commonwealth of Nations）構成國之一。換句話說，意味著加拿大已經成為實質上的「獨立國家」。

這個結構被稱作「大英國協」（英聯邦）。後來在第二次世界大戰後，印度、馬來西亞、巴布亞紐幾內亞、加納、肯亞及喀麥隆等國家，還有剛脫離英國獨立的亞洲和非洲國家也加入該組織，開始被稱之為「Commonwealth of Nations」。

當時的日本

日本的關東軍隊以日本擁有權利的南滿洲鐵道爆炸（柳條湖事件）為藉口，於1931年入侵並占領了滿洲。在九一八事變隔年的1932年，宣布成立由清潮最後一位皇帝（宣統帝）溥儀執政的滿洲國。

馬拉汽車

一九二九年十月，美國的紐約證券交易所發生股價大崩盤，這件事引起全世界恐慌。在與美國經濟關係密切的加拿大，企業的投資額和出口量急劇下滑，遭遇嚴重的經濟衰退。在城市地區不僅是工人薪資下降，且失業人數也增加，在各地爆發了多起勞工運動。

除了在城市地區，中西部的農村地帶也十分窮困。由於長期以來從阿根廷和澳洲的小麥出口一直在擴大，正當國際的小麥價格因供應過剩而下跌時，爆發經濟大蕭條導致經濟低迷，所以農產品的出口量也大幅銳減了。

金政府無力應對這種局面，自由黨在一九三〇年七月的大選中慘敗，保守黨的理查德・貝德福德・貝內特（Richard Bedford Bennett）取而代之出任新總理。為了解決進出口萎縮的問題，貝內特敦促英國以及其他的大英國協構成國，於一九三二年簽訂了《渥太華協定》，一方面在大英國協構成國之間設定低關稅，一方面限制與其他國家的貿易。建立這樣一個封閉經濟體的政策稱為貿易集團。儘管如此經濟仍持續萎靡，一九三三年的失業率估計達百分之二十六左右，據說在生活上捉襟見肘，買不起汽油的人們只能讓馬拉汽車。這種情形在人民之間被諷為「貝內特馬車」(Bennett Buggy)。

事實上，到目前為止加拿大還沒有政府營運的中央銀行，貨幣一直是由各地的民間銀行各自發行。然而，由於經濟大蕭條造成的經濟動盪，以及受到在英國以黃金支撐貨幣價值的金本位制度廢除後的影響，國會決定設立一個由政府主導的中央銀行以穩定貨幣價值。因此，加拿大銀行於一九三四年開業（隔年開始營運），並開始集中管理貨幣的發行。

同一時期在美國形成的富蘭克林・羅斯福（Franklin Roosevelt）政府，實施了羅斯福新政，尋求透過公用事業擴大就業及充實福祉。貝內特也效仿這個政策，導入失業保險，以及在農村地區推動灌溉工程。然而，對於聯邦政府干預各省的這項政策，政府內外都出現了不少反對的聲音。

貝內特政府未能贏得人民的信任，自由黨在一九三五年十月的大選中獲勝，並由金重新掌權。金與美國締結了貝內特一直在進行談判的互惠通商條約，降低了兩國之間的關稅。隨著之後美國經濟復甦，雖然加拿大經濟逐漸獲得了改善，但是仍處於低迷狀態。

繼續參加第二次大戰

一九三〇年代後半期，在德國一直由希特勒（Hitler）率領的納粹黨掌權。德國身為第一次世界大戰的戰敗國，被迫支付巨額賠償金之外，還被捲入經濟大蕭條所帶來的經濟衰退，導致人民飽受貧困之苦，所以納粹黨才會興起作為人民發洩不滿的寄託。當納粹德國積極擴充軍備時，英國和法國雖然保持警戒卻默許這種行為，並且試圖避免武裝衝突。然而，德國強行吞併奧地利共和國（帝國於第一次世界大戰後瓦解）和捷克（從捷克斯洛伐克分離）後，於一九三九年九月一日入侵波蘭共和國，導致英國與法國終於向德國宣戰，第二次世界大戰就此展開。隨後，一直敵視英法的義大利和日本於一九四〇年與德國結盟。

當時的加拿大，有別於第一次世界大戰時自動參戰，根據《西敏法規》與英國處於同等地位，有權自行決定參戰與否。最後聯邦議會在九月十日做出的答覆是決定參戰。

隔年的一九四〇年六月，加拿大軍隊被派去支援法國，但是法國面對強大的德國軍隊很快就遭到占領，因此加拿大軍隊和英國軍隊幾乎沒有作戰便撤退了。

戰爭爆發後，美國表明了中立的立場，但是德國軍隊的潛水艇開始威脅美國東海岸的沿岸地區。因此加拿大與美國在一九四〇年八月，於紐約州的奧格登斯堡簽署了一項協議（《奧格登斯堡協議》），設立常設聯合防衛委員會並致力交換情報，針對防衛用的物資供給及人員配置建立合作體制。隔年四月為了有效進行軍需物資的生產，在紐約州的海德公園締結了與美國合作的協議（《海德公園協議》）。英國也允許美國軍隊留駐在與加拿大接壤的紐芬蘭及英屬巴哈馬等地，作為從美國獲得武器供應的交換條件。於是，美國便以和加拿大的關係為軸心，逐漸向以英法為核心的同盟國靠攏了。

一九四一年十二月七日，日本軍隊突襲夏威夷美軍基地的同時，加拿大便在隔天向日本宣戰，隨後英國和美國也對日宣戰。在英國統治下的香港，同樣遭到了日本軍隊的攻擊，因此由一直留駐在那裡的加拿大軍隊加以應戰，但是香港還是被日本軍隊占領了。

戰爭期間的國內情勢

雖說大戰的主戰場是在歐洲，但是加拿大本土也並不安全。一九四二年一月德國潛水艇（U艇）入侵聖勞倫斯灣，攻擊加拿大貨船。日本潛水艇在六月時也出現在太平洋沿岸的溫哥華島近海，炮轟沿岸後便撤退了。

被派往歐洲的加拿大軍隊，參與了一九四二年八月的第厄普戰役，試圖反攻在德國占領下的法國，以及在隔年七月入侵義大利等戰爭。在這段期間，德國軍隊在與蘇聯軍隊的戰鬥中損失慘重，戰局轉為同盟國軍隊處於優勢。一九四四年六月，同盟國軍隊堅決進行諾曼第登陸，投入了超過十五萬名士兵，約二萬名加拿大士兵也加入了這次行動。同年十一月實施徵兵政策。與第一次世界大戰的時候一樣，在魁北克省反對徵兵的人占了多數，但是戰爭即將結束，徵兵後被派上戰場的僅止於一萬三〇〇〇人左右。

在戰爭期間的加拿大國內，因為軍需工廠滿載運轉而失業率下降。然而，提供給人民的物資卻受到統一管理，食材及生活用品為配給制。部分德裔和義大利裔的人民受到敵視，成為被人監視和逮捕的對象。日裔移民的待遇尤其嚴酷，約二萬人被迫離開家園，遭人隔離在英屬哥倫比亞省山區的收容所中，而且財產也被沒收。這項措施的對象當中，還包含在加拿大出生長大的第二代日裔移民。

一九四五年五月，德國在同盟國軍隊攻勢下被逼得走投無路而投降了。同年七月，在美國新墨西哥州的原子彈（原爆）實驗成功後，美國軍隊於八月向日本投下二顆原子彈。事實上，是在英國的提議下於蒙特婁設置了研究設施，後來在一九四三年八月，英國與美國簽署了《魁北克協定》，共同合作製造和研發原子彈。而加拿大也參與了這項協定，實質上是由英國、美國和加拿大所簽署的三國協議。另外，蒙特婁與廣島市於一九九八年結為友好城市。交流始於一九八六年廣島市長訪問了蒙特婁，在蒙特婁市內植物園的日本花園裡，會在廣島市被投下原子彈的時刻（當地時間八月五日下午七點十五分）敲響「和平之鐘」。

原子彈投下後，日本也隨即接受投降，第二次世界大戰以同盟國的勝利結束。而在大戰期間加拿大軍隊的死傷人數高達四萬五〇〇〇人左右。

秘密專欄

加拿大的熱門運動

與美國屬於同一職業聯盟

一九九四年加拿大將源起於自己國家的兩項運動，也就是「袋棍球」定為夏季國球、「冰球」定為冬季國球。

袋棍球從十九世紀後半期開始在北美傳播開來。於一九八六年創立的職業聯盟國家袋棍球聯盟（ＮＬＬ）中，不僅有加拿大的球隊，還包括來自美國的球隊。在國際大賽中易洛魁聯盟（Haudenosaunee）的隊伍也會出場。

冰球的起源則有諸多說法，有人說它是始於北極圈的探險隊，也有人說原住民的米克馬克人會從事類似的體育競賽，第一場正式比賽於一八七七年舉行。一九一七年創立了加拿大和美國隊伍所屬的國家冰球聯盟（ＮＨＬ），加拿大出現了許多明星選手，例如連續七年保持得分王紀錄的韋恩・格雷茨基（Wayne

Gretzky）等人。冷戰時代透過與蘇聯交流比賽的外交（曲棍球外交）而受到關注，在二〇二二年奧運會之前，男子獲得了九面金牌，女子獲得了五面金牌，均為世界最多。

在其他運動項目中，加拿大也與美國隸屬於共同的職業聯盟。將總部設在多倫多的藍鳥棒球隊，曾於一九九二年與一九九三年連霸美國職業棒球大聯盟（MLB）的世界大賽冠軍。同樣將總部設在多倫多的暴龍籃球隊隸屬於國家籃球協會（NBA），並於二〇一九年贏得了聯盟冠軍。事實上，籃球是在一八九一年由加拿大體育老師詹姆士・奈史密斯（James Naismith）發明出來的體育比賽。

耐人尋味的加拿大偉人⑤

發現胰島素的醫生

弗雷德里克・班廷

Frederick Banting

(1891～1941)

榮獲諾貝爾生理學或醫學獎

班廷出生於安大略省，多倫多大學畢業後，在第一次世界大戰期間從軍擔任軍醫。戰後成為一名開業醫師執業時，讀到一篇糖尿病的論文而促使他投入這項研究，他還拜訪了多倫多大學生理學教授麥克勞德（MacLeod），後來在他的幫助下與他的學生兼助手查爾斯・貝斯特（Charles Best）一起展開糖尿病的研究。

當時，糖尿病尚無治療方法，導致許多患者死亡。班廷等人經過反覆實驗，最後成功提煉出胰島素，也就是一種能降低血糖值的荷爾蒙。透過這項研究的結果製造出治療糖尿病的藥物。

由於這項成就，班廷和麥克勞德於一九二三年榮獲諾貝爾生理學或醫學獎。此後，他繼續進行癌症的研究，並被英國授予勳章。然而，他卻在第二次世界大戰時因飛機事故而去世。

chapter 6

作為已開發國家的一員

「加拿大公民」的明文規定

第二次世界大戰期間，加拿大透過大西洋防禦及軍需生產的相互合作，與美國的連結愈發緊密。另一方面，隨著英國影響力的減弱，加拿大不管是在政治上、經濟上和公民意識上，也變得愈來愈獨立。

長期以來，加拿大的公民定義與英國國籍之間的關係都是模稜兩可。來自英國以外國家的移民必須辦理歸化手續，但是來自英國的移民卻自動獲得選舉權等待遇上的差異。然而，根據一九四六年通過的《加拿大公民法》，明文規定「在加拿大出生的人具有加拿大國籍，同時被視為英國臣民」。在這個階段，加拿大人仍舊被定義為英國臣民，但是政府本身已經開始意識到「何謂加拿大公民」的問題了。

外交的自主性也逐漸增強。自一九二〇年代開始獲得獨立的外交權後，總理一直兼任外交部長，但是在一九四六年由隸屬於自由黨的法裔議員路易・聖洛朗

（Louis St. Laurent）成為第一位專任的外交部長。此外，雖然英國國王已經幾乎不再干預加拿大的政治，不過在一九四七年，加拿大的皇家特權（例如軍事最高指揮權及領土吞併的決定等等），全都移轉給加拿大總督了。一九五二年來自安大略省的外交官文森特・梅西（Vincent Massey），成為第一位出生於加拿大的總督。前一年，梅西以政府調查委員會的會長身分，提議設置一個機構來振興加拿大的獨特文化。為此，於一九五七年成立了「Canada Council」（加拿大國家藝術委員會）。

合計擔任二十一年總理的金，就這樣完成了一連串增強加拿大獨立性的改革，於一九四八年十一月卸任，並由外交部長聖洛朗繼任成為新總理。在金卸任前最後一項重大任務，就是將紐芬蘭併入聯邦的談判工作。

併入「第一個」殖民地

雖然紐芬蘭一度成為自治領地，但是隨著經濟大蕭條的影響所造成的財政惡化，於一九三四年歸還自治權並由英國控制。

自第二次世界大戰期間開始，隨著紐芬蘭的軍事重要性提升，英國在紐芬蘭的軍事基地也被迫供美軍使用。除了用於防禦德國軍隊的潛水艇之外，還用作美國飛機橫越大西洋的中途加油站。此外，紐芬蘭原住民還透過與留駐的美國軍隊進行商業交易，而從中獲得經濟利益。戰後，因大戰而國力衰弱的英國沒有餘力支援紐芬蘭，紐芬蘭便處於類似被美國控制的狀態。對此情況充滿危機感的加拿大政府，開始協商要併入紐芬蘭。

針對這項舉動，紐芬蘭設立了居民代表會，著名記者喬伊・斯摩伍德（Joey Smallwood）在居民之間強力呼籲紐芬蘭要併入加拿大。雖然在居民代表會上以反對併入的人占多數，但是在一九四八年舉行的公投結果，贊成票數為百分之五十二點三四，在超過半數下決定併入。於是，英國在北美洲的第一個殖民地紐芬蘭，於一九四九年三月成為加拿大的第十個省分。至此，曾經屬於前英屬北美（參照第六十頁）的殖民地，終於全部併入加拿大了。後來由主導併入的斯摩伍德，就任紐芬蘭的第一任省長。由於大陸一側的拉布拉多地區也被併入該省領域，因此自一九六四年起開始被稱作「紐芬蘭—拉布拉多省」（正式更名是在二〇〇一年）。提到「拉布拉多」就必須說到，經常被當作警犬和導盲犬的拉布拉多犬，就是該地在開墾時代曾經由漁民飼養的犬隻，後來在英國被當作獵犬。

在冷戰體制下

在第二次世界大戰結束的一九四五年，以同盟國為核心成立聯合國（UN），目的是為了促進國際合作、維持和平、防止和解決爭端，加拿大也成為創始成員國。然而從大戰結束後的幾年內，以美國為中心的西方陣營（資本主義國家），和以蘇聯為中心的東方陣營（社會主義國家）相持不下的情況愈演愈烈。這就是所謂東西方冷戰的開始。

加拿大也被捲入這場冷戰，而這一切的開端就是一九四五年九月爆發的「古琴科事件」。蘇聯大使館員工伊格爾・古琴科（Igor Gouzenko）在加拿大尋求庇護，從他帶走的文件中，發現了大戰期間曾在蒙特婁從事原子能研究的一名英國科學家，向蘇聯方面洩漏了原子彈的機密情報。

一九四七年美國總統杜魯門（Truman）對蘇聯增強警戒，與時任加拿大總理的金一起發表防禦合作共同聲明。在美國被判斷為對蘇聯友好的政治家及文化人士都被開除公職，在加拿大也揭發了疑似蘇聯間諜的人。一九四九年，對抗東方陣營的軍事同盟北大西洋公約組織（NATO）成立。加拿大與美國、英國、法國等其他國家同樣都是創始成員國，並派遣軍隊前往歐洲留駐。

冷戰的影響還擴及到亞洲，一九五〇年朝鮮半島的大韓民國（韓國）在美國支持下，與受到蘇聯支持的朝鮮民主主義人民共和國（北韓）之間爆發戰爭（韓戰）。聯合國決議在沒有蘇聯代表參與的情況下支援韓國，並派遣了以美國為主的聯合國軍隊。另一方面，由共產黨執政的中國（中華人民共和國）則派遣義勇軍支援北韓。儘管加拿大加入了聯合國軍隊，但是主張將戰爭控制在小規模。然而，隨著戰事拖延，最終在美國要求下派出了二萬七千多名士兵。

第二次以阿戰爭與脫離英國

在戰後的國際社會上，擺脫殖民主義與冷戰同時進行，加拿大明確表示出與英國不同的立場。一九五六年爆發的第二次以阿戰爭（蘇伊士運河戰爭）就是其中一例。從十九世紀開始一直受到英國統治的埃及，宣布將當地的蘇伊士運河國有化，英國對此表示反對，並與法國和以色列一起攻擊埃及，這就是這場戰爭的開端。包含美國和蘇聯在內，許多國家將英國與法國的行為視為復興殖民主義並加以譴責，聯合國則呼籲停火。

加拿大政府在這場戰爭中採取中立的立場，而且外交部長萊斯特・鮑爾斯・皮爾遜（Lester Bowles Pearson）還提案組建並派遣聯合國緊急部隊來監督停火。包含英國在內的相關國家投了棄權票，但是因為沒有國家投反對票所以聯合國緊急部隊獲准成立，加拿大軍隊也加入其中。英國軍隊和法國軍隊於十一月撤軍，隔年三月以色列軍也撤退了，使得第二次以阿戰爭提前結束。

這支聯合國緊急部隊與韓戰期間支援韓國的部隊不同，目的是要讓兩軍徹底停火。此後聯合國繼續進行維持和平的活動，以監督衝突地區停火、維護治安、拯救生命等為目的。由於這些前例所立下的功勞，皮爾遜於一九五七年榮獲諾貝爾和平獎。

皮爾遜對加拿大的外交政策，是依據金政府時代所提倡的，以一個並非大國也不是小國的「中間國家」身分來調解國際關係的政策，在海外受到了高度評價。然而，由於加拿大國內有許多人民對英國抱持著強烈的認同感，所以在第二次以阿戰爭中沒有站在英國這邊的皮爾遜和自由黨政府飽受譴責，自由黨在一九五七年六月的選舉中慘敗。政權轉移到進步保守黨

（一九四二年更名為保守黨）手中，由約翰・迪芬貝克（John George Diefenbaker）出任總理。他是加拿大第一位德裔總理。皮爾遜從聖洛朗手中接任自由黨的黨主席，但是在隔年一九五八年三月的選舉中也落敗了。

順帶一提，第二次以阿戰爭也是催生現在加拿大國旗（參照第二〇〇頁）的原因之一。聯合國緊急部隊本應保持中立的立場，但是當中的加拿大軍隊懸掛與交戰方之一的當事國（英國）印有相同圖案（米字旗）的旗幟被視為一大問題，所以長期以來一直備受爭議，要求更換國旗的呼聲愈來愈高。

與美國也保持距離

在冷戰背景下，一九五〇年代的加拿大與美國在境內共同興建雷達基地。一九五八年北美防空司令部（NORAD）成立，以共同因應來自敵國的轟炸及飛彈攻擊。該司令部多次修改規定並延續至今。一九六二年十月，發現蘇聯在漂浮於加勒比海的島國古巴建造飛彈基地，美國軍隊對古巴進行海上封鎖，導致與蘇聯陷入一觸即發的局面（古巴飛彈危機）。最終，經由美國總統甘迺迪（Kennedy）和蘇聯第一書記赫魯雪夫（Nikita Khrushchev）的談判，蘇聯飛彈被撤除，才得以免除核戰的危機。

正當這次危機之際，儘管已經與加拿大達成協議，但是美國政府卻沒有與加拿大進行任何協商便對古巴和蘇聯採取警戒狀態，只是單方面通知了加拿大，讓迪芬貝克政府感到難以置信。當時加拿大正在考慮於加拿大部署美國的核子武器，但是由於這起事件，使得迪芬貝克總理無法積極行動。對於迪芬貝克在部署核子武器上立場消極，於政府內外譴責這項政策的聲浪日益高漲，國會於是通過內閣不信任案。迪芬貝克內閣辭職，並且在不久後的大選中由獲勝的自由黨成員皮爾遜於一九六三年四月出任總理。

隨著皮爾遜接受美國部署核子武器後，加拿大自一九六三年起成為核子武器擁有國。然而，他不一定完全採取遵循美國的政策。越戰就是一個例子。一九六〇年代，越南存在親法和親美政府的南越（越南共和國），與受到蘇聯等國支援的北越（越南民主共和國），後來為了統一而爆發戰爭。雖然美國支持南越，但是皮爾遜率領的加拿大政府儘管承認東方陣營的威脅，但是對美國轟炸北越表現出批判的態度。不久後在加拿大國內，開始傳出與美國軍事合作反而會招致蘇聯攻擊的意見。

一九六八年，從皮爾遜接下政權的自由黨新黨魁皮耶・杜魯道（Pierre Trudeau）出任總理。杜魯道於一九一九年出生於魁北克省蒙特婁，他在蒙特婁大學和哈佛大學學習法律後，當過律師、大學教師才投身政界。他一加入自由黨便當上下議院議員，並在皮爾遜政府底下擔任過司法部長。後來成為總理的杜魯道決定將部署在加拿大的核子武器撤走。拆除工作分階段進行，最後於一九八四年完工。

人民醫療費用負擔為「零」

一九五〇至一九六〇年代，加拿大經濟蓬勃發展，人民生活也獲得改善。由於在第二次世界大戰時並沒有成為戰場，因此產業面的損害很少，軍需工廠改建為生產民用車輛及日用品的工廠，回國後的士兵很快便恢復工人身分。結果，失業率控制在大約百分之二至三的低水平。後來在一九四七年於艾伯塔省發現了油田。石油不僅供國內消費還能出口，成為一個新的收入來源用來賺取外匯。

一九五〇年代以後，加拿大不斷擴大開採和出口鐵礦石、石油、天然氣等自然資源，電器、汽車、石油製品等其他工業也十分發達。在經濟蓬勃發展的背景下，對移民的接受程度也會提高。到一九五二年之前，已經有大約十七萬人從房屋及工業基礎設施被戰爭破壞的歐洲國家湧入加拿大。然而，來自日本及中國等地的亞裔移民，戰爭結束後依舊受到入境加拿大的限制。

戰爭期間的加拿大為了讓人民在國家統治下能生活穩定，開始向有嬰兒的家庭發放津貼（生育獎勵），而且這項制度在戰後仍然持續著。一九五一年成立老年所得保障法，這項由聯邦政府導入的制度（老年所得保障制度），會向所有在加拿大符合一定條件的七十歲以上人民，包括居住年數在內，向他們發放定額年金。同時也制定了向六十五歲至七十歲的貧民發放年金的制度（高齡者補助制度）。一九六六年聯邦政府和各省政府啟動薪資比例年金制度（根據收入支付金額發放年金的制度）。老年所得保障制度下的給付相當於日本的基礎年金，薪資比例年金制度的給付相當於日本的厚生年金。

而且在加拿大的社會保障制度中最值得一提的，應該是被稱為「加拿大全民醫療保險」（Medicare）的醫療制度。患者不必支付任何醫療費用，全額皆由聯邦政府和省政府負擔。這項誕生於一九六六年的制度，是以被譽為加拿大「公共醫療保險制度之父」的湯米・道格拉斯（Tommy Douglas）的政策為基礎。

湯米・道格拉斯在一九〇四年出生於蘇格蘭，六

當時的日本

1964年舉辦的東京奧運（夏季奧運），可說是日本戰後復興和經濟成長的象徵。加拿大代表團也參加了這次奧運，共獲得4面獎牌（1金、2銀、1銅），獲得金牌的項目為男子雙人單槳無舵手。

歲時隨家人移居加拿大。他在擔任印刷工匠學徒的同時，開始關心起社會貧困的問題，在學習神學和社會學後成為一名牧師。隨後，他加入合作社聯邦聯合會（新民主黨的前身），這是一個志在改善受經濟大蕭條打擊的社會而創建的社會主義政黨，並在一九四四年成為薩斯喀徹溫省的省長。這是在北美的第一個社會主義政府。他在一九六一年以新民主黨的黨主席身分重返聯邦政府之前，這十七年的任期期間都在推動醫療制度的改革。而且，他還以薩斯喀徹溫省的醫療制度為典範，在聯邦及各省之間擴充了加拿大全民醫療保險。然而，醫療費用有增加的傾向，負擔醫療費用的聯邦政府和省政府有時也會為了這個資金來源的問題而發生衝突。

擴大國際交流

雖然加拿大經濟見漲，但是許多工廠及企業都是屬於美國的投資家，國內流通的日月品及出版物大多數也都是來自美國。為了改變這種情況，總理杜魯道除了培育國內企業，同時建立加拿大自己的民族主義，於是提出外交多元化的「第三選擇」，既不維持現有的美加關係（第一選擇），也不與美國建立更緊密的關係（第二選擇）。「第三選擇」的其中一環，就是加拿大於一九七〇年與中國建交。這一步領先於美國與中國的邦交正常化（一九七九年）。

此外，還在一九五二年簽署《舊金山和約》，與一直斷絕往來的日本恢復邦交，更在一九五四年締結日加通商協定，使得兩國之間的貿易變得活躍。此外加拿大還積極支持日本加入聯合國。進入一九七〇年代後，對加拿大來說日本成為僅次於美國的出口目的地。加拿大向日本出口油菜籽、天然氣、煤炭、紙漿等，日本向加拿大出口汽車、電器產品等。一九七四年時任日本首相的田中角榮訪問加拿大，與杜魯道針對經濟合作發表共同聲明。

一九七三年，中東的阿拉伯國家因為與以色列爆發戰爭（贖罪日戰爭）而堅決提高原油價格，因此引發石油危機（一九七〇年代能源危機）。已開發國家之間藉此機會推動經濟合作，一九七五年由美國、法國、英國、西德、日本、義大利這六個國家召開了第一屆六國集團峰會（G6）。從第二年開始包括加拿大也加入的成員國開始被稱作七大工業國組織（G7），於一九八一年在加拿大渥太華首次舉辦G7峰會（渥太華峰會）。當初提議加拿大加入高峰會的，正是時任美國總統的福特（Ford），美國國務卿季辛吉（Kissinger）表示，「加拿大不再是次要夥伴」。所以加拿大在世界政治和經濟上都得到了認同。

一九七六年於加拿大首次舉辦蒙特婁奧運，緊接著在一九八八年舉行卡加利冬奧。雖然加拿大代表團在這兩次奧運中都沒有獲得金牌，但是在二〇一〇年的溫哥華冬奧上於冰球、冰壺和自由式滑雪等項目中取得了不錯的成績，合計贏得二十六面獎牌，其中包括十四面金牌，展現出身為冬季運動強國的存在感。

導入多元文化主義

在戰後的加拿大，尋求提升少數種族及少數民族（少數群體）地位的運動十分盛行。其中一位先驅者就是名叫維奧拉・戴斯蒙德（Viola Irene Desmond）的女性。她來自新斯科舍省，父親是黑人，母親是白人，她一直在進行女士美容師的培訓，但是一九四六年她到電影院坐在白人專用的座位上時，拒絕別人要她移到非白人座位上的要求而遭到逮捕。雖然她在法庭上極力抗爭，但是訴訟卻遭到駁回。等她去世後，她在加拿大帶給反對種族歧視運動的影響備受肯定，於二〇一〇年得到赦免，二〇一八年在加拿大紙鈔十元上採用了她的肖像。這是第一次將英國王室以外的女性，印在加拿大紙鈔上。

從一九五〇年代後半期反對黑人歧視的民權運動在美國蔓延之後，包括加拿大在內的已開發國家呼籲種族和民族平等的聲浪日益高漲。

加拿大聯邦議會於一九六〇年通過原住民選舉權，同年八月制定《加拿大權利與自由憲章》，明確禁止基於種族、民族和宗教的歧視。然而，其適用範圍僅限於聯邦權限管轄的領域。此外魁北克省的法裔人民對於加拿大愈來愈感到不滿，因此政府便透過「寂靜革命」（詳情容後再述）想要改善與他們的關係，所以在一九六三年設置皇家雙語及雙文化委員會後經過反覆協議，於一九六九年制定《官方語言法》，將英語和法語視為聯邦的官方語言。然而，雙語及雙文化主義的想法卻遭遇意想不到的反對。當時加拿大約有百分之三十的人使用英語和法語以外的語言，但是政府卻忽略了這些人。舉例來說，在中西部有來自烏克蘭、俄羅斯、波蘭等其他東歐國家的人，而在太平洋沿岸地區則有許多日本、中國、印度的其他亞裔人口。尤其是烏克蘭和德國血統的人，他們抱怨法國人居然被考量在內。

為了因應這種情況，一九七一年十月，杜魯道總理在聯邦議會下議院宣布「雙語主義框架內的多元文化主義」，並表示會在英語和法語的官方語言基礎下，尊重各種族群的文化同時尋求社會融合的政策。自此以後，實施體制完成整頓，於一九八八年通過《加拿大多元文化主義法案》。

在這段期間，加拿大社會的種族變得愈來愈多元化。早在一九六七年，為了獲得更多的勞動力，已經廢除了基於種族和民族的移民限制，並導入了「計分制度」，將想要移民的人根據學歷、工作經驗、英語和法語的熟練程度等進行評分後加以篩選，但是一九七八年在《新移民法》的規定下廢除了種族歧視及國家的配額。此外，在一九七七年導入《新公民法》，規定加拿大出生的人也和入籍加拿大的移民享有同等權利，而且加拿大人不再被定義為英國臣民。

一九八〇年代以後，亞裔移民急速增加。主要來自以英語為官方語言的國家，包含印度、菲律賓以及香港。香港在一九九七年從英國回歸中國，但是在此前後已經有許多人民移居到加拿大或美國。誠如前文提及的計分制度也有所影響，高學歷的亞裔移民增加，亞裔加拿大人的精英分子出現在多倫多及蒙特婁等東部大城市裡工作。一九九九年十月，出生於香港的伍冰枝（Adrienne Louise Clarkson）成為第一位亞裔的加拿大總督。居住在加拿大的中國人超過了一五〇萬人，尤其占了英屬哥倫比亞省最大城市溫哥華近百分之三十的人口。

提升日本移民的地位

長久以來，在加拿大的日裔人口地位並不高，誠如前文說明過的，第二次世界大戰期間許多日裔人口都被隔離在英屬哥倫比亞省山區的收容所內，而且財產也遭到沒收（參照第一五六頁）。

還有一些日裔人口擔心會與其他的加拿大人發生衝突，對於在戰爭期間的待遇保持沉默，但是在日裔人口以外的人之間，批評戰爭期間歧視政策的聲浪逐漸蔓延開來。結果，加拿大政府與全國日裔加拿大人協會（NAJC）之間，於一九八八年達成戰時相關措施的損害賠償協議，讓受到不合理對待的日裔人口恢復了名譽。

戰後的一九四八年六月，日裔加拿大人在聯邦取得選舉權，一九四九年三月，在英屬哥倫比亞省獲得選舉權。在這背後有一個名叫本間留吉的人物存在。來自千葉縣的留吉於一八八七年（有一說是在一八八二年）渡海來到加拿大從事漁業，並設立日裔人口的漁業團體。在這種情況下，他對日裔人口沒有選舉權一事感到憤怒，於是將自己的財產豁出去投身法庭鬥爭。結果，雖然留吉在世期間沒有實現這個目標，但是他的功勞顯著，留吉被稱作「日裔加拿大移民之父」，此外在英屬哥倫比亞省為了表揚他，有一座以他的名字命名的公立學校。

一九七〇年代以後，隨著多元文化主義逐漸根深柢固，活躍於加拿大社會上的日裔人口與日俱增。第二代日裔的作家喜悅小川（Joy Kogawa）以她在戰爭期間的收容所經歷寫成小說《Obasan》（日文書名為《失われた祖国》），引起加拿大人的關注。戰爭期間為收容所的教育竭盡心力的清水秀彥（Hide Hyodo Shimizu），在教會裡的志願服務備受肯定，於一九八二年被授予加拿大勳章。

二〇〇三年，由日裔人口在戰爭前於加拿大組成的溫哥華朝日棒球隊進入加拿大棒球名人堂。溫哥華朝日隊不僅參加了加拿大聯賽，還在美國國際聯盟中出場並取得了不錯的成績，但是在戰爭爆發的影響下於一九四一年解散。二〇一四年，以這支球隊為題材的電影《球場上的朝陽》於日本公開上映。

多倫多的巴塔鞋博物館、渥太華的戰爭博物館、加拿大駐日本大使館等，都是由第二代日裔的建築師雷蒙・森山（Raymond Moriyama）著手設計，他獲選為英美建築師協會的榮譽會員，於一九八五年榮獲加拿大勳章。第三代日裔的生物學家和環境活動家的大衛・鈴木（David Suzuki），是英屬哥倫比亞大學榮譽教授，長年都在加拿大廣播公司（CBC）的科學電視節目《The Nature of Things》中的擔任解說員，於一九八六年榮獲聯合國教科文組織主導的卡林加科普獎。

魁北克主張獨立

即使在加拿大進行改革期間，在魁北克省的法裔居民心中，天主教會的保守價值觀還是左右一切，導入近代制度的進度緩慢。在這種情況下於一九六〇年七月成為省長的讓・勒薩熱（Jean Lesage），除了將電力公司公有化以穩定省內的電價之外，還設立公共金融機構來培育省內企業，並且改善了公務員的工作條件。此外，他還將省內的教育與天主教會分離，並且陸續導入充實年金制度及醫療保險制度的政策。魁北克省一連串的新政策被稱作「寂靜革命」。

隨著改革的進展，在魁北克省居民之間，比起過去的地緣或血緣，對於魁北克省這片土地充滿歸屬感的地方民族主義（狹隘民族主義）逐漸深植人心。一九六八年，由曾經在勒薩熱底下擔任省政府要職的瑞內・勒維克（René Lévesque）為核心，組成了魁北克人黨，提倡魁北克將在未來獨立。

有別於在國會內活動的魁北克人黨，主張武裝鬥爭的激進組織魁北克解放陣線（FLQ）也成立了，向加拿大政府和軍隊做出激進的恐怖行動。一九七〇年他們綁架英國外交官詹姆斯・克羅斯（James Cross）和魁北克省勞工部長皮埃爾・拉波特（Pierre Laporte），要求釋放遭逮捕的成員以及人質的贖金。聯邦政府對此運用《緊急情況法令》，並動員軍隊鎮壓魁北克解放陣線，但是拉波特卻遭到殺害。後來綁架克羅斯的集團逃往古巴，不過其他大多數的成員都被逮捕了。這起事件被稱

機」，魁北克解放陣線完全失去魁北克省人民的支持後消滅。

魁北克人黨呼籲和平的獨立運動，於一九七六年十二月在省議會選舉中獲勝，由勒維克成為省長。當勒維克將法語定為省內的唯一官方語言時，一些英裔居民便遷出了省外。一九八〇年五月，魁北克獨立並與加拿大組成聯邦的提案交付公投，結果反對票占了百分之六十左右。雖然反對派占了優勢，聯邦政府還是無法忽視魁北克的動向，繼續討論修改憲法，諸如各省與聯邦政府的關係等等。

古老的新憲法

嚴格來說，在二十世紀後半期之前加拿大一直沒有自己的憲法。反而是在英法北美戰爭後的一七六三年由英國國王發出公告、一七七四年的《魁北克法令》、一八六七年的《英屬北美法令》等發揮了實質上的憲法功能。隨後，為了修改這些法令，都需要英國國會的批准。

而魁北克的獨立問題，導致修憲議題有了進展。一九八二年三月，英國國會通過《一九八二年加拿大法令》，規定將修憲的權限從英國移交給加拿大，伊莉莎白二世（Elizabeth II）對此於四月十七日在渥太華頒布了《一九八二年憲法法令》。《英屬北美法令》更名為《一八六七年憲法法令》，在這之後《一九八二年憲法法令》與《一八六七年憲法法令》這二項法令成為加拿大憲法的主要框架。因此，完全沒有制定一部新憲法。

即使這部憲法通過之後，加拿大仍然是以英國國王為元首的君主立憲制國家，總督為國王的代理人。然而，行政、立法和司法卻完全從英國獨立，且作為「英國殖民地」

的地位終於迎來結束。

《一九八二年憲法法令》的主要內容如下所述。在第一章《權利和自由憲章》中保障平等權，不因種族、民族、宗教、性別、精神上或身體上的殘疾而受到歧視，並規定英語和法語為官方語言，主張在英語圈實行法語教育、在法語圈實行英語教育的權利，在第二章中將印地安人、因努伊特人和梅蒂人定義為原住民，並記述他們的權利。在第五章中規定，修憲必須得到聯邦議會的上議院和下議院，以及所有省分三分之二以上的省議會通過（如果這些省分的人口合計不滿總人口的一半時則無效）。

對於這些規定，魁北克省擔心會失去該省的獨特性，要求在憲法序文中標明該省是一個「獨特的社會」，以及關於最高法院法官的選任和移民的接納等都要反映該省意願。面對魁北克省的要求，聯邦政府與各省政府反覆協商，於一九九二年提出憲法修正案納入了這些要素，包含承認魁北克省是一個「獨特的社會」的條文、擴大各省議會的權限、原住民的自治權等等。然而，由於這項提案在公投中遭到否決，所以截至二〇二四年一月，魁北克省並未承認《一九八二年憲法法令》。

此外，在魁北克省是以法語為該省的官方語言。其他大部分的省分，都只以英語作為該省的官方語言，不過新不倫瑞克省包含以前是法國領土的阿卡迪亞（參照第三十八頁），因此該省是以英語和法語這二種語言作為官方語言。

改善與原住民的關係

導入多元文化主義以後，原住民要求改善權利的聲浪日漸高漲時，政府開始對此做出回應。例如一九七五年，在詹姆斯灣（參照第十三頁地圖）沿岸興建水力發電水壩之際，與魁北克省及聯邦政府協商後，居住在該地區的克里族人土地權獲得保障，自治政府於一九八四年獲准成立。在這前一年的一九八三年聯邦政府和各省代表齊聚一堂，召開討論原住民相關問題的會議，決定承認原住民自治權的政策。於十九世紀通過的《印地安法令》也經過修訂。在此之前如果原住民女性與歐裔移民等人結婚之後，便會屬於丈夫的家族，並失去作為原住民的權利，但是經由這次修訂，即使她在結婚後還是被視為原住民。

即使不斷推動改革，與原住民的衝突還是沒有消失。一九九〇年居住在當地的摩和克人，在蒙特婁近郊的奧卡引發了大規模的抗議運動。因為在市立高爾夫球場擴建工程的予定地，內含摩和克人長期以來一直請求所有權的祖傳土地。摩和克人與警官隊的衝突導致人員死亡後，聯邦政府動員陸軍鎮壓抗議活動。

這起事件過後，聯邦政府成立了關於原住民的調查委員會。在委員會上特別指出一些問題，從十九世紀末開始各地由教會管理的原住民寄宿學校中，許多學生被迫放棄原住民的語言及習俗，此外還有學生受到虐待而喪生。聯邦政府於二〇〇八年向過去包含寄宿學校在內的政策道歉，同時發表聲明以改善與原住民的關係。此後成立的印地安寄宿學校真相與和解委員會（ＴＲＣ）進行實況調查，並於二〇一五年提出了解決問題的意見。為此，一直在推動各種政策以提高原住民的地位。此外在省級部分，於二〇二三年十月在曼尼托巴省誕生了加拿大首位的原住民省長。也就是瓦布・基紐（Wab Kinew）省長。

聯邦政府與居住在北部地區的因努伊特人之間，關於土地權益的談判在一九九〇年代取得進展，一九九九年四月將西北領地的東部分割後，成立了新的「努納福特地區」。該地區實質上是由因努伊特人成為行政主體的自治政府，所謂的「努納福特」在因努伊特語中意指「我們的土地」。於是截至二〇二三年，共有十個省分、三個領地的行政區域（參照第十三頁地圖）。

對外關係的變化

一九八四年五月在杜魯道總理推薦下，前下議院議長讓娜・索韋（Jeanne Sauvé）成為加拿大第一位女性總督。然而，由於一九七〇年代石油危機以來的經濟衰退，自由黨在同年九月大選中落敗後杜魯道政府下台。杜魯道曾為現在的加拿大政治提示方針，例如維持多元文化主義和聯邦制等等，此外還實施寬鬆的移民政策、透過修改刑法讓墮胎和同性戀合法化等等。他在二〇〇〇年去世，但是由於他的功績使他成為加拿大人民最尊敬的政治家之一，並於二〇〇四年將他出生地蒙特婁的國際機場，更名為「蒙特婁皮耶・埃利奧特・杜魯道國際機場」。

進步保守黨新上任的總理布萊恩・穆爾羅尼（Brian Mulroney），強化與美國的關係以改善經濟。一九八九年與美國之間簽署了《北美自由貿易協議》，相互降低關稅，並廢除了企業擴張的限制。此外在一九九二年，墨西哥也加入協議，三國簽署了《北美自由貿易協議》（NAFTA）。由於這些措施，從一九八八年至一九九七年期間，與美國的貿易額無論是進口或出口都增加了兩倍以上。二〇二〇年簽署《北美自由貿易協定》（USMCA），取代NAFTA。這是一項限制與北美三國以外的國家和

當時的日本

因薪資所得稅的負擔持續增加，重新審視以過去所得稅為主的稅制討論聲浪再起。為了讓人民公平地分擔稅金，由竹下登內閣制定了《消費稅法》，並於1989年首次導入間接稅的消費稅（3%）。

地區的自由貿易，並優待三國產品（在北美三個國家製造的產品）的協定，修改了原產地規定，限制外國製造零件在產品中占較低的比例。

曾在穆爾羅尼政府底下擔任國防部長的金・坎貝爾（Kim Campbell），於一九九三年六月接任總理，成為加拿大第一位女性總理。然而，在同年十月的大選中，於一九九一年組成的政黨魁人政團（聯邦政黨）、於一九八七年組成代表西部地區利益的加拿大改革黨獲得了更多席位，進步保守黨因此慘敗，由自由黨的尚・克瑞強（Jean Chrétien）出任總理。

大約在這個時候，國際社會上正在討論擴大自由貿易，加拿大加入了在克瑞強政府時期的一九九五年所成立的世界貿易組織（WTO），與日本、美國、歐盟（EU）等其他國家一同成為創始成員國。

在這段期間，由於蘇聯於一九八〇年代後半期導入各項改革（經濟改革），導致東歐國家民主化不斷推進，蘇聯於一九九一年解體後冷戰迎來結束時，加大拿隨即減少軍隊，並將作為NATO一員留駐在歐洲的部隊撤回。另一方面，則持續主張以聯合國為核心的「多邊主義」，參與聯合國的維持和平行動。一九九七年在加拿大政府主導下通過《地雷禁止條約》（《渥太華條約》），截至二〇二〇年五月已有包含加拿大及日本在內的一六四個國家簽署。

二〇〇一年伊斯蘭極端主義蓋達組織在美國同時發動多起恐怖行動，加拿大隨即派兵至蓋達組織躲藏的阿富汗，並且持續留駐至二〇一一年為止。伊拉克被懷疑與蓋達組織有關並持有核子武器，於二〇〇三年接受聯合國調查，美國隨即在調查結果沒有公布時便入侵伊拉克（伊拉克戰爭）。此時加拿大秉持著以聯合國為主的立場而與美國不同調，最後並沒有派兵。

政府與各省的對立

一九九五年十月，魁北克省再次舉行公投，徵詢從加拿大獨立的民意。即便是魁北克省以外的人，對他們來說都非常關心這場可能會決定加拿大未來的公投，許多人從加拿大各地湧入魁北克省，呼籲加拿大團結起來。結果贊成獨立的票數占了百分之四十九點四，反對獨立的票數占了百分之五十點六，由反對派勝出。贊成票與反對票的差距只有五萬票，避免了加拿大的分裂。

從這個結果可以清楚知道，魁北克省已經不再單純由法裔居民團結在一起，來自亞洲及中南美等地的多元化居民不斷增加。即便如此，以將在未來獨立為目標的魁北克人黨，還是繼續在省議會中占了多數席位，魁人政團在聯邦議會中則保有一定數量的席位。聯邦政府將僅由魁北克省居民的選擇承認獨立一事是否符合憲法，交由最高法院裁判。一九九八年最高法院答覆，僅由公投結果承認獨立一事屬於違憲，但是聯邦政府和其他省有義務回應反映公投結果的談判。

此外，反對魁北克省獨立的魁北克自由黨，於二〇一四年在魁北克省議會成為第一大黨，但是從二〇一八年至二〇二四年一月，由提出抑制移民公約的魁北克未來聯盟成為第一大黨。

不僅魁北克的問題，加拿大境內的地區和民族的關係，已經不能單純談論英裔與法裔相持不下的狀態，法裔也不再堅如磐石。新不倫瑞克省的居民約有百分之三十說法語，但是在細節上與魁北克省使用的法語不同，和魁北克省又有不同的獨特地域性。西部地區的艾伯塔省和英屬哥倫比亞省，也和魁北克省的立場不同，一直與聯邦政府存有摩擦。在加拿大，安大略省和魁北克省的人口占全國總人口的一半以上。儘管如此，西部各省長期以來一直對這兩個東部省分掌握政治主導權而感到不滿。此外，有些人認為聯邦政府為了因應魁北克省的獨立意向而進行協商和提議，都一直在給魁北克省優惠待遇。

除此之外，在加拿大中西部各省，許多居民都是從美國中西部移民而來，比起加拿大東部各省，對美國中西部充滿親切感的居民並不在少數。在這樣的背景下，在艾伯塔省主要代言西部地區利益的加拿大改革黨不斷擴張勢力，強力呼籲縮小聯邦政府的權限、檢討多元文化政策等等。後來加拿大改革黨與其他保守派議員聯合後改組成加拿大聯盟，並於二〇〇三年與進步保守黨合併，組成加拿大保守黨。

世界上的加拿大人

在二十世紀後半期，受到全世界高度矚目的加拿大人接連出現。出生於多倫多的尼爾・楊（Neil Young）是世界聞名的搖滾歌手，他採用美國中西部的傳統民謠及鄉村音樂，還有黑人的靈魂樂等要素，於一九七〇年代發表了《Harvest》等專輯。同為歌手的席琳・狄翁（Celine Dion）來自魁北克省，艾薇兒・拉維尼（Avril Lavigne）則來自安大略省。

演員丹・艾克洛德（Dan Aykroyd）曾在多倫多展開活動，後來於一九七〇年代移居美國，演出《福祿雙霸天》和《魔鬼剋星》等電影作品，並且備受人們喜愛。出生於艾伯塔省的米高・J・福克斯（Michael J. Fox）也是從一九七〇年代開始便在美國從事演員工作，藉由《回到未來》等系列電影成為全球明星。而金・凱瑞（Jim Carrey）則是安大略人，他擔任電影《摩登大聖》中的主角而一躍成名，此外還活躍於各個領域。

小說家艾莉絲·孟若（Alice Munro）出版了描寫各種女性生活方式的《木星的衛星》、《好女人的心意》等短篇小說集，並且在美國和歐洲都獲得高度好評，後來在二〇一三年榮獲諾貝爾文學獎。瑪格麗特·愛特伍（Margaret Atwood）也是現代加拿大具代表性的著名作家之一，她諷刺男尊女卑世界的作品《使女的故事》被拍成電影後掀起話題，將主角家族與二十世紀加拿大歷史交織在一起的《盲眼刺客》則獲得了許多國際文學獎。

企業家吉姆·巴爾西麗（Jim Balsillie），於一九八四年創立通訊設備製造商RIM（現黑莓公司），並在二〇一〇年代前半期，該公司的終端裝置「黑莓機」用戶在全世界達到五〇〇〇萬人，成為引領早期智慧型手機市場的企業。此外說到在日本也十分熟悉的加拿大企業，包括總部設在蒙特婁的飛機製造商龐巴迪、總公司位於多倫多的金融服務集團宏利金融公司旗下的宏利人壽等等。

邁向共生與未來的課題

二〇一五年十一月，由賈斯汀・杜魯道（Justin Trudeau）出任總理，他的父親皮耶・杜魯道曾經在一九六〇至一九八〇年代擔任過總理。他和父親一樣同屬自由黨，長期以來都在黨內努力推動多元文化主義，站在重視多元化的立場，擴大性少數群體的權利，在已開發國家中第一個推動大麻合法化。另外在二〇二一年七月，瑪麗・梅・西蒙（Mary May Simon）成為第一個原住民（因努伊特人）總督。賈斯汀・杜魯道政府也和許多國家強化合作關係。在二〇一〇年代為了促進新加坡、越南、澳洲、祕魯、智利、日本等太平洋沿岸國家的自由貿易，推動《跨太平洋夥伴關係協議》（TPP）的談判，美國在中途退出後，包括加拿大在內的十一個國家於二〇一八年生效。因此加拿大成為廣泛經濟圈的一員，除了美洲之外，還包括亞洲和大洋洲。

在二〇二二年時對美國的出口約為百分之七十七，對美國的進口約為百分之四十九，依然占較大比例，但是也因為加入了TPP，與其他國家的經濟連結日益擴大。僅次於美國的前幾名貿易夥伴，在出口方面是中國、英國、日本、墨西哥，在進口方面為中國、墨西哥、德國、日本。

二〇二二年六月，位於加拿大和丹麥領土格陵蘭之間的無人島，從一九七〇年代開始一直在所有權上存在爭議的漢斯島（參照第十三頁地圖），由加拿大、丹麥兩國將該島分割持有後，和平地解決了這個問題。關於漢斯島領土問題的背後原因，是進入二十一世紀後，隨著全球暖化導致北極圈冰層減少，通過北極海連接太平洋與大西洋的西北航道愈來愈重要的關係。無論是針對俄羅斯的軍事防禦方面，還是在全球的海上交通方面，加拿大現在都是一個重要的地區。

二〇二二年十一月，在少子高齡化導致勞動力不足的背景下，宣布了到二〇二五年前每年接納五十萬移民的政策。加拿大人口約三七〇〇萬人，據說國民當中每四人就有一人來自外國。推測今後人民將會更加多元化，也有人擔心種族、民族間會出現摩擦的問題。儘管如此加拿大還是尊重多元文化和多邊主義，在面對各種課題的同時，應該不會停止身為一個多元文化共生社會的發展。

耐人尋味的加拿大偉人❻

戴著義足與不治之症抗爭的跑者

泰瑞・福克斯

Terrance Fox

（1958～1981）

死後仍向人民傳達個人意志

每年在加拿大都會舉辦名為「Terry Fox Run」的馬拉松慈善活動，為癌症治療籌措資金，許多人都會參加。

發起這個活動的人就是泰瑞・福克斯。他從小擅長運動，但是在1977年罹患癌症之一的骨肉瘤，後來將右腳截肢了。不過他並沒有被殘疾打倒，為了同樣飽受相同疾病所苦的人，發起橫越加拿大的「希望馬拉松」，作為募集捐款的活動。他靠義足每天跑四十二公里而引起全國人民關注，可是他因為症狀惡化在跑完大約三分之二的距離後中斷活動，並於隔年去世。

泰瑞過世後，他的意志以慈善活動的形式延續下去，募集到的捐款超過了7億加元。2005年為了紀念他的功績，後來發行了1加元硬幣。

祕密專欄

加拿大的國旗和國歌

象徵著脫離英國而獨立

一直到自治領地成立後不久的一八六八年為止，加拿大都是懸掛著英國的國旗。自此以後，使用的是紅底左上方有配置英國國旗（米字旗）的英國商船旗（Red Ensign），搭配描繪了英格蘭其他徽章，與象徵加拿大的植物楓葉（楓樹的樹葉）等圖案的盾牌。然而，也有不少聲音要求制定加拿大自己的國旗，這些人主要都是法裔居民。一九五六年參與第二次以阿戰爭（蘇伊士運河戰爭）後，趁著自治領地成立一〇〇周年的時機，便開始認真考慮更換國旗。

聯邦議會多次依據人民遞交的數千項提案進行討論。其中也有當時的皮爾遜總理所支持的提案（皮爾遜三角旗），只是當旗幟懸掛時，難以與法國國旗（藍白紅三色）作區分等理由而不被採用。一九六五年最終確定的設計，是在白底上於中央

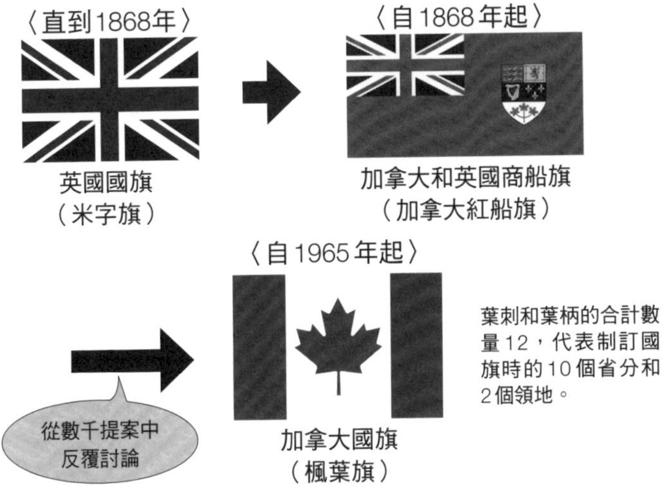

配置一片染紅的楓葉，左右紅色部分代表在國土東西方延伸的太平洋和大西洋。

國歌也是在一開始使用了英國的國歌，但是在一九八〇年正式採用《噢！加拿大》。原本是在一八八〇年由法裔的卡利克薩・拉瓦萊（Calixa Lavallée）作曲，是一首備受魁北克人民喜愛的歌。一九〇八年英語版本的歌詞被創作出來後便流傳開來。無論英法版本，開頭都是「噢，加拿大，吾家園吾故土」這句歌詞，但是英語版本在中間使用了「愛國真心」一詞，法國版本則使用了「信仰」一詞，有些許差異。

加拿大社會的變遷

時代	社會	
史前～15世紀	原住民社會	
16世紀～1763年	英國殖民地	法國殖民地
1763年～1867年	英國殖民地	
1867年～現在	自治領地 ↓ ……移民 獨立國家	

← 大航海時代

← 英法戰爭

← 美國獨立戰爭

← 南北戰爭

← 第一次、第二次世界大戰

⬇

原住民＋（法裔＋英裔）＋移民＝多民族國家

〈加拿大的種族組成〉 ※參考加拿大人口普查（2016年）製作而成

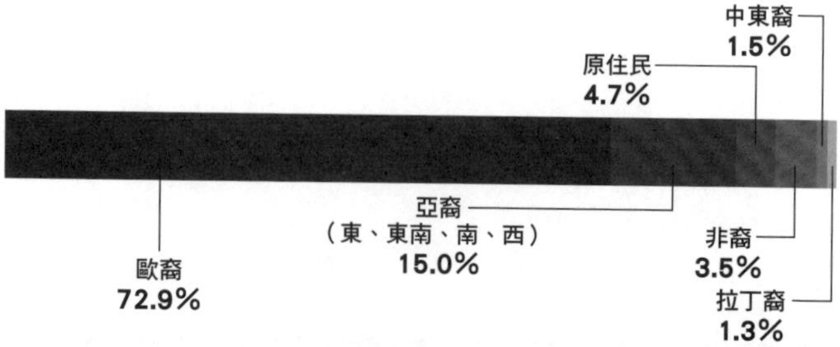

加拿大殖民地和省分的變遷（依地區）

16～17世紀	新法蘭西		阿卡迪亞（法國領土）	※未開發	紐芬蘭
18世紀	新法蘭西		阿卡迪亞（法國領土）	魯伯特地	紐芬蘭
1763年	魁北克		沿海各殖民地 ※1	魯伯特地	紐芬蘭
1791年	上加拿大	下加拿大	沿海各殖民地 ※2	魯伯特地 ※3	紐芬蘭
1841年	加拿大聯合省殖民地（西加拿大）（東加拿大）		沿海各殖民地	魯伯特地 ※4	紐芬蘭
1867年	安大略省（ON）	魁北克省（QC）	沿海各省 ※5	魯伯特地 ※6	紐芬蘭
現在	ON	QC	NS、NB PEI※7	NT、MB AB、SK※8 BC、YT、NU※9	NL※10

※1……1769年聖約翰島從新斯科舍分離。

※2……1784年從新斯科舍分離後成立新不倫瑞克。
1799年聖約翰島更名為愛德華王子島。

※3……1811年紅河成立。

※4……1866年英屬哥倫比亞與溫哥華島合併。

※5……新斯科舍省（NS）與新不倫瑞克省（NB）成立。

※6……1868年西北領地（NT）成立。1870年曼尼托巴省（MB）脫離紅河成立。

※7……1873年愛德華王子島省（PEI）成立。

※8……1905年艾伯塔省（AB）與薩斯喀徹溫省（SK）脫離NT後成立。

※9……1871年英屬哥倫比亞省（BC）成立，1898年育空地區（YT）成立，
1999年努納福特地區（NU）成立。

※10……1949年紐芬蘭省成立，並於2001年更名為紐芬蘭－拉布拉多省（NL）。

加拿大的歷史 年表

這份年表是以本書提及的加拿大歷史為中心編寫而成。配合下半段的「世界與日本歷史大事紀」，可以更深入理解。

年代	加拿大大事紀	世界與日本大事紀
約1000年	萊夫・艾瑞克森抵達紐芬蘭島	世界 澶淵之盟（1004）
1497	喬凡尼・卡波托抵達北美洲東岸	日本 明應之變（1493）
1583	紐芬蘭島成為英國第一個殖民地	日本 本能寺之變（1582）
1608	尚普蘭建造魁北克市	日本 入侵琉球（1609）
1663	新法蘭西成為法國國王的直轄殖民地	世界 英國恢復君主制（1660）
1763	新法蘭西成為英國領土	世界 出版《社會契約論》（1762）
1774	通過《魁北克法令》	世界 美國獨立宣言（1776）
1791	通過《加拿大法案》	日本 拉克斯曼來航（1792）
1818	英美協議劃定邊界，除了部分地區之外	世界 滑鐵盧戰役（1815）
1841	加拿大聯合省成立	日本 天保改革開始（1841）

1846	根據《奧勒岡條約》劃定到太平洋海岸的邊界	世界 德克薩斯併吞（1845）
1864	舉行查洛頓會議與魁北克會議	日本 禁門之變（1864）
1865	首都設在渥太華	世界 南北戰爭結束（1865）
1867	通過《英屬北美法令》（加拿大自治領誕生）	日本 大政奉還（1867）
1885	加拿大第一條橫貫大陸鐵路竣工	日本 公布《大日本帝國憲法》（1889）
1920	國際聯盟成立後成為創始成員國	日本 廢除英日同盟（1921）
1931	通過《西敏法規》（實質上的獨立）	世界 西班牙內戰（1931）
1945	聯合國成立後成為創始成員國	日本 接受《波茨坦公告》（1945）
1946	通過《加拿大公民法》	世界 印度分離並獨立（1947）
1949	紐芬蘭併入加拿大（成為現在的10省）	世界 韓戰爆發（1950）
1960	魁北克省展開「寂靜革命」	日本 修訂《美日安保條約》（1960）
1967	導入「計分制度」（廢除種族和民族的移民限制）	世界 歐洲共同體成立（1967）
1971	宣示多元文化主義	日本 沖繩回歸（1972）
1982	頒布《一九八二年憲法法令》	世界 兩伊戰爭（1980）
1999	努納福特地區成立（形成現在的行政區域）	世界 導入單一貨幣歐元（1999）

参考文獻

『カナダの歴史がわかる25話』細川道久 著(明石書店)

『カナダの歴史を知るための50章(エリア・スタディーズ156)』細川道久 編著(明石書店)

『新版 世界各国史23 カナダ史』細川道久、吉田健正 著、木村和男 編(山川出版社)

『シンボルから読み解くカナダ-メープル・シロップから「赤毛のアン」まで』マイケル・ドーソン、キャサリン・ギドニー、ドナルド・ライト 編著、細川道久 訳(明石書店)

『カナダ・ナショナリズムとイギリス帝国』細川道久 著(刀水書房)

『「白人」支配のカナダ史 移民・先住民・優生学』細川道久 著(彩流社)

『ニューファンドランド いちばん古くていちばん新しいカナダ』細川道久 著(彩流社)

『新版 史料が語るカナダ 1535−2007 16世紀の探険時代から21世紀の多元国家まで』日本カナダ学会 編(有斐閣)

『カナダ先住民の世界 インディアン・イヌイット・メティスを知る』浅井晃 著(彩流社)

『カナダ 北西海岸の先史時代』関俊彦 著(六一書房)

『カナダ 北西海岸域の先住民』関俊彦 著(六一書房)

『ヴァイキングの考古学』ヒースマン姿子 著(同成社)

『地図から消えた国、アカディの記憶』大矢タカヤス、ヘンリー・ワズワース・ロングフェロー 著(書肆心水)

『ケベックとカナダ 地域研究の愉しみ』竹中豊 著(彩流社)

『「赤毛のアン」の島 プリンスエドワード島の歴史』 D・ボールドウィン 著、木村和男 訳(河出書房新社)

『カナダ 歴史街道をゆく』上原善広 著(文藝春秋)

『鉄道の世界史』小池滋、青木栄一、和久田康雄 著(悠書館)

『オリンピックでよく見るよく聴く国旗と国歌』吹浦忠正、新藤昌子 著(三修社)

『地球の歩き方 カナダ 2020年~ 2021版』(ダイヤモンド社)

『世界伝記大事典』(ほるぷ出版)

『原爆 私たちは何も知らなかった』有馬哲夫 著(新潮社)

[監修]
細川道久
1959年出生於岐阜縣。在東京大學文學部、東京大學文學部研究所人文科學研究科完成博士課程後，成為鹿兒島大學教授。博士（文學）。主要著作包含《カナダの自立と北大西洋世界》（刀水書房，第一屆日本加拿大學會獎）、《カナダ・ナショナリズムとイギリス帝国》（刀水書房）、《カナダの歴史を知るための50章》（編著，明石書店）、《駒形丸事件》（共同著作，筑摩書房）等書。

編集・構成／造事務所
設計／井上祥邦（yockdesign）
文字／佐藤賢二
插畫／suwakaho
照片／〈p4〉Ceri Breeze/shutterstock.com、
〈p7〉Songquan Deng/shutterstock.com、〈p9〉paparazzza/shutterstock.com

ISSATSU DE WAKARU CANADA SHI
© 2024 MICHIHISA HOSOKAWA, ZOU JIMUSHO
Illustration by suwakaho
All rights reserved.
Originally published in Japan by KAWADE SHOBO SHINSHA Ltd. Publishers,
Chinese (in complex character only) translation rights arranged with
KAWADE SHOBO SHINSHA Ltd. Publishers, through CREEK & RIVER Co., Ltd.

極簡加拿大史

出　　版／楓樹林出版事業有限公司
地　　址／新北市板橋區信義路163巷3號10樓
郵政劃撥／19907596　楓書坊文化出版社
網　　址／www.maplebook.com.tw
電　　話／02-2957-6096
傳　　真／02-2957-6435
監　　修／細川道久
翻　　譯／蔡麗蓉
責任編輯／陳亭安
內文排版／楊亞容
港澳經銷／泛華發行代理有限公司
定　　價／350元
出版日期／2025年3月

國家圖書館出版品預行編目資料

極簡加拿大史 / 細川道久監修 ; 蔡麗蓉譯. -- 初版. -- 新北市 : 楓樹林出版事業有限公司, 2025.03 面 ; 公分
ISBN 978-626-7499-74-0（平裝）
1. 加拿大史
753.1　　114000961